2013年度国家社科基金青年项目（编号13CGL090）
平台配套13年国家社科青年项目2018年度安徽高校
SK2018ZD029）等资助出版

乡村振兴背景下
农民土地流转平台建设
及运行机制研究

黄海平　著

上海三联书店

目　录

1 绪 论

党的十九大提出乡村振兴,建立健全城乡融合发展的体制机制和政策体系。这是继党的十八大提出新型城镇化之后又一重要的国家战略,完成了国家城镇与乡村两大空间发展的顶层设计。毋庸置疑,乡村振兴将与新型城镇化并列为新时代国家发展的两大驱动,成为新时代整个农村农业发展的主旋律。乡村如何振兴成为各界关注和讨论的焦点,而土地要素的空间配置效率和区域分布结构无疑是决定乡村振兴最重要因素。

从中国近代史发展来看,无论是平均地权的农民革命、三民主义的民主革命,还是社会主义的新民主主义革命,都与农民和土地密不可分,土地制度始终是我国乡村社会发展的基础性安排(刘守英,2016)。建国后农民以集体成员权而取得的土地权益,表现为典型的人格化财产,不仅与农民发展密切相关,也关乎着国家社稷(罗必良,2017)。改革开放的伟大事业,正是基于农村土地制度自发革命的成功经验。在全面推进城镇化进程下,深化农村土地制度改革是当前促进供给侧农村改革的第一要素(陈锡文,2016),尤其探索"三权分置"的有效实现形式以及完善制度,对于盘活宝贵的土地资源和促进农业转移人口市民化具有十分重要的现实意义。基于分析农村土地"三权分置"产权制度改革的实践探索,促进新型城镇化"三个一亿人"问题有效解决,本研究以乡村振兴背景下农村承包地(耕地、林地、草地、养殖水面等)经营权流转为研究对象,且限于有偿进行的不改变用途性质农地流转,围绕各类流转平台绩效及对农民影响等问题(李泉,2018),提出完善流转平台及运行机制的政策建议。

1.1 研究背景与意义

城镇化进程中,是一个传统农村经济社会瓦解、新的农村经济社会体系尚未健全的转型时期,在农村土地出现多重利用价值的情况下,出现农户承包地撂荒与农业规模经营受阻并存、农村宅基地闲置与城镇土地短缺并存、以及举家进城农村转移人口应以怎样的途径和方式流转农村土地成为现实亟待解决等重大问题(周其仁,2016);城乡建设用地同时增加、耕地减少的情况与国际上普遍城市建设用地增加、农村用地减少、农村耕地增加的方向相悖(黄奇帆,2016)。在当前一些农村,农业转移人口的大量流出,有些家庭已整体在城镇落户,他们已不再经营土地和使用宅基地,土地被低效利用甚至抛荒、闲置;同时又面临进城落户资金不足,难以实现其土地财产性权益。这样情况下,不少农民流转土地的意愿强烈。然而一些地方农村土地流转出现越来越多的"毁约弃耕"等问题,农户承包经营制度的根基难以稳固(文贯中,2008;罗必良,2012;钱文荣,2014),自发性农村土地流转难以解决新型城镇化出现的难题。上述种种状况,都是实施乡村振兴的时代背景,也是完善农民土地流转平台及运行机制的现实基础。

（一）农民自发性土地流转，难以提高土地利用效率
　　　和促进农民工市民化

1. 农民工离乡不离土，土地资源利用效率低。农村剩余劳动力的大量流向城镇，当前农民工数量达到 2.82 亿，相应的是农村土地资源低效利用，甚至抛荒闲置。国土统计表明，几年来约有 0.3 万亩耕地被抛荒，在河南、湖北等产粮大省，土地抛荒甚至高达 20—30％，一方面国家严格限制耕地"红线"，另一方面土地又被农民闲置不用，对耕地保护和粮食安全构成威胁（汪晓春，2016；乐章，2010）。据新华网报道①，我国农地的弃耕撂荒和"零租金"流转现象并非个例，重庆市江津区有近 40 万农户中约有 23％已经完全放弃了农地耕作，闲置或半闲置的建设用地粗估可达近 3 万亩。因此，只有让离农的进城农民工离土，使抛荒的土地回到从事农业生产者手中，才能有效提高土地利用效率（杜文娇，2011；黄花，2014）。

2. 农业经营收益低，农民脱"农"动力强烈。从调研的实际情况来看，由于人均耕地面积少、农业经营投入较大、受自然因素以及市场变化的影响较大等诸多原因，农民人均从事粮食生产年均收入大概在 2500 元左右。而农民一旦外出务工，其收入大大提高，民间有"打工一个月抵过务农一年"的说法。2015 年，国家统计部门分析，当前农民进城务工的收入已达到了 3072 元/月以上，人均年收入 3.8 万元，是留守农村人均的 15 倍。作为理性的农户，自然会选择流向城镇，逐步减少对土地的依赖，脱"农"动力强烈。

---

① 新华社：小小"地票"缘何撬动农村城镇大格局？2016 年 05 月 27 日 18:26:04，http://news.xinhuanet.com/2016—05/27/c_1118946408.htm

3. 农村土地依赖性弱化，农民进"城"意愿强烈。根据一些研究，当前"新生代农民工"约占农民工总量的55%，约为1.5个亿人。这部分人由"半工半农"向"全职非农"转变，由"城乡双向流动"向"单向融入城市"转变，由"寻求谋生"向"追求平等"转变，已成为无法"回去"的"半城里人"（黄祖辉，2014；汪晓春，2016）。理由在于这批新生代农民工有70%都有初中以上文化程度，接受教育时间较长，很少参加农业劳动，逐渐丧失了从事传统农业生产的技能和经验，对土地情结弱化，相反向适应城市生活转变。总体来说，新生代农民工对农村土地的依赖性较弱，流转农村土地的意愿较高（徐峰、邱隆云、魏敏，2008）。

4. 经营者与农户谈判成本高，面临信用毁约风险。根据有些研究，当前经营大户要流转土地，需要与大量的农户，进行规模化流转土地的谈判成本大。如要转入1000亩土地，就要与近100户大约500个人进行谈判，比较明显的案例是面临农民毁约风险（汪晓春，2016；邹伟、吴群，2006）。现实中一旦经营效果较好，经营者获得较大收益，农民会要求增加租金，甚至要求退地。地方政府往往出于社会稳定考虑，站在农民一方，要增加地租的现象。

5. 从事农业种养者营利困难，追逐各类农业补贴。在高土地成本、高劳动力成本、高融资成本三大因素的挤压下，农业种养经营实际上十分困难。在一些地区，转入土地进行种养已没有利润而言，一些经营者只是为追逐政府各类农业补贴，"毁约弃耕"现象不断出现。调查中，现在承包地的租金在一亩500至1000元以上，甚至发达地区更高，而正常种粮纯收入在1200元左右，在广大中西部地区不及1000元。因此，实现新型经营主体直接从集体承包土地才能有效降低经营成本。

基于现实中的突出矛盾,当前深化农村改革仍然以处理好农民和土地关系为主线,关键是破解农村土地低效利用与城市快速发展用地紧张的矛盾,破解农业转移人口不愿无偿放弃抛荒闲置土地与缺乏资金难以市民化的矛盾,建立进城农民土地流转补偿机制,顺应时代发展的客观要求。

(二) 推进农民流转土地平台建设及运行机制,
是构建乡村振兴制度的重要基础

随着快速城镇化的推进,大量农民进入城市或迁入城市,超过2.8亿的农民工进入城镇务工,农村人口持续下降,这为推进土地流转及完善制度、促进规模经营提供了契机。基于这样的现实,在加快城市化、工业化进程中,理论界一直倡导促进农地流转,鼓励新型农业经营主体进行规模化经营,甚至主张工商资本下乡,推进农业"资本化"、"工业化",地方政府更是不遗余力地推进土地流转(陈锡文,2010;2015)。

上述关于农村土地流转问题的分析表明,当前鼓励农民流转土地的发展状况,在促进土地有效利用、推进农业适度规模化经营等方面起到一定的积极作用,但对解决农业转移人口市民化的促进作用并不明显。事实上,农民自发性土地流转不但难以保障好农民自身土地权益,甚至出现种种损害农民利益现象,导致"毁约弃耕"现象不断突出;也难以解决"三个一亿人"问题,进城农民既不愿意无偿流转土地,又缺乏支付举家进城的资本投入,处于两难选择的矛盾之中,既进不了城,也难以回到农村。

近年来,党和政府不断对农地流转加强指导,出台鼓励政策。尤其十八届五中全会提出,"深化户籍制度改革和土地制度改革,促进有能力在城镇稳定就业和生活的农业转移人口举家进城落户"。中央《深化农村改革综合性实施方案》提出要探索宅基地自愿流转机制,在有条件的地方开展农民土地承包经营权流转试点。国务院《关于实施支持农业转移人口市民化若干财政政策的通知》指出,"要维护进城落户农民土地承包权、宅基地使用权、集体收益分配权",及时出台《关于完善农村土地所有权承办权经营权分置办法的意见》(简称《三权分置意见》),鼓励地方政府推进土地流转、促进有能力在城镇稳定就业和生活的农业转移人口逐步市民化。2013 年底的十八届三中全会明确了农民住房财产权抵押、担保和转让的制度演进方向,2018 年初中央"一号文件"提出实施乡村振兴战略进一步明确了宅基地制度改革的顶层设计架构。实践中,为解决农村土地闲置浪费与土地资源价值无法实现的矛盾,适应农二代对土地和农民观念的重大转变,各地在推进农村土地流转的基础上,积极搭建农民依法自愿流转土地平台,引导农民依法自愿有偿转让土地承包权、宅基地使用权、集体收益分配权权益,探索进城农民流转土地的途径,为农户"弃地进城"提供通道,让群众有更多获得感。如浙江、江苏、湖北、上海、重庆和等省市,已在部分地区探索出比较有效的流转模式,在为农业转移人口去除土地羁绊的同时,为其进城落户、举家搬迁提供支撑,取得了显著的成效。

尽管不少地方搭建了政府主导型农村土地流转公益服务平台,但从我们调研的实际情况来看,农民选择的积极性并不高,不足三分之一的农民选择了这类平台,大部分农地流转依然是农民私下自发进行,或亲友间的委托代耕,甚至破荒废弃。因此,必须将各地土地产权制度改革创新的探索进行客观评价,对政府主导型农村土地流转公益服务平台及机制建设加强指导,同时提炼出可推广的有效模式,归纳农户有偿流转的有效形式,推动农村土地流转制度完善,适应新时代乡村发展需要。

1.2 相关研究综述

在文献研究中,有研究指出,广义的土地流转包括了各种形式的土地使用权让渡和流转,狭义的土地流转是指在我国特有的农村土地制度下农民对耕地和林地承包经营权、宅基地使用权的放弃。党的十八大以来,党中央从农村土地承包经营权确权登记颁证、实现农村承包地的"三权分置"、开展农民土地承包经营权流转试点等方面不断深化农村土地承包经营权改革,着重解决新型城镇化进程中的"三个一亿人"问题,促进有能力在城镇稳定就业和生活的农业转移人口举家进城落户。2015 年以来,国家选择了一批有条件的地方,搭建平台,探索农民土地承包经营权自愿流转机制,开展农民土地承包经营权流转试点。

本研究集中在农用地经营权流转平台及其机制,即作为集体成员权而获得的农用地经营权,通过什么样的途径和方式转移给他人,或交回村集体,并从中获得合理利益补偿的一系列行为。本选题相关学术史梳理及研究动态可归为以下三方面:

一是有关增加农民土地承包经营权流转平台的供给研究。流转机制的存在赋予了组织成员自由选择权(缪勒,1992),一个组织成员没有流转权,既不利于公平也不利于效率(奥尔森,1996;王建权,2011)。现代经济学已经证明,农户是具有理性的,其行为是追求收益最大化(Burger. A.,1998;罗必良,2012)。针对我国1959～1961 年的农业危机,有专家经过实证研究认为,危机的重要原因在于农民没有退出公社组织的权利,并在公社组织下进行无效率劳作(林毅夫,1990)。现行制度虽然允许农民流转土地承包经营权,但是属于消极式流转,难以产生财富效用,既缺乏保障措施,又缺乏承接联动主体(韩长赋,2016)。现实中,农村劳动力的城镇化不断迁移加速了农户分化,有的农户已全家迁入城镇,人地长期分离。这样的现实状况导致两方面的不利后果,一是农民长期不在农村,不参与农村土地合理利用,其土地权益无法实现;二是农村土地低效利用,甚至耕地长期被抛荒或宅基地长期被闲置,与耕地保护和粮食安全的政策导向相背离。基于上述种种现状,不少农民有了彻底流转土地的意愿,越来越多的农民有能力流转农村土地而举家进城或完全非农就业(陈锡文,2014;骆永民、樊丽明,2015)。但是,由于土地流转平台及其机制供给的不足,在数以亿计的农村劳动力非农化流动的同时,却未产生有效的人口迁徙与土地流转,造成了人户分离的城镇管理困境和人地不均的农村治理困境(文贯中,2008;罗必良等,2012),导致了许多富裕起来的农民仍然过着"亦工亦农"、"亦城亦乡"的两栖生活(王瑞雪,2007)。同时,研究必须坚持流转土地承包经营权,增加农民土地的财产性收益。虽然在改革之初农民取得土地承包经营权和使用权是无偿的,但在共享发展成果的今天,必须坚持有偿的流转原则(罗必良,2012;2013;黄祖辉,2015)。国务院发展研究中心课题组(2011)调查发现,80%的农民工愿意定居城市,91%的新生代农民工愿意定居城市,但以放弃承包地来换取城市户口仅为10%。"厌农"却不愿"离农"矛盾现状的主要原因在于农民流转土地是无偿的消极行为,只有坚持流转才能降低退地农民的风险,才能有效保护农民土地财产收益,给予合理补偿是推动农民流转土地的理性办法(姚洋,2000;钱忠好,2002;张红宇,2002;周其仁,2012;黄祖辉,2013;2016;郭熙保,2014;倪国华,2014)。

二是有关各地农民土地承包经营权流转平台的局限性研究。近年来,针对耕地、宅基地和非农建设用地等农村"三块地",国家分别在一定区域改革开展试点,搭建了政府公益性的有偿退地平台,探索农民土地承包经营权流转的有效路径。各地结合多元化经营主体与土地三权之间的不同结合特点,形成了不同的退地模式或路径,如珠三角地区探索的土地股份合作制、上海松江探索的家庭农场制、浙江嘉兴的"两分两换"改革、重庆探索指标交易的"地票"制、四川崇州探索的"农业共营制"和"按户连片"耕种制等,取得了阶段性成效,一定程度上缓解了现实矛盾(党国英,2003;钟甫宁、纪月清,2009;曲福田、高艳梅、姜海,2005;蔡继明,2005;钟涨宝、聂建亮,2010)。但地方改革还存在诸多问题亟待解决,普遍存在流转平台系统化程度低,平台信息沟通不顺畅,退地经费使用不透明,平台运行成本高、行政色彩浓,存在农民"非意愿"选择等现象(周其仁,2010;黄祖辉,2012;刘守英,2016);平台"非农""非粮"化趋势明显,给耕地保护和农民增收带来不利影响(曲福田,2005;钱忠好,2007;孔祥智等,2010;陈锡文,2011;黄祖辉,2012)。有研究指出,农民自愿选择政府搭建的流转平台仅占流转农民的五分之一(黄祖辉等,2012;黄宝连,2016)。根据中科院农业政策研究中心(CCAP,2011)的调查数据,至少60%的农用地流转是亲属之间发生,95%的仅仅是口头合同,从2000—2010年这些特征几乎没有明显改变(黄季焜等,2012)。总体上,我国农民土地承包经营权流转以自发性和地区性为表征,处于初级发展阶段,农民有效流转土地平台缺乏,对有效配置土地资源能以发挥作用(钱文荣,2012;刘守英,2016)。

三是有关影响农民选择土地承包经营权流转平台的因素研究。我国"三农"学者一直重视对农民行为影响因素的研究。在已有的影响农民流转土地承包经营权的因素研究中,年龄、性别、受教育程度和耕地亩均收入等因素具有显著的影响。其中，在有关异质性影响因素分析的研究中，劳动供养率、脱离农业状况等因素的影响程度较大（钱文荣，2002；钱忠好，2003；张怡然等，2011；罗必良等，2012）。另外，交易费用及其纠纷预期、农地环境状况、农户社会心理等也是重要的影响因素（罗必良等，2012）。目前土地流转中的交易成本偏高，主要依靠的土地经营权流转，却存在着交易费用偏高的问题。据农业部统计，目前我国耕地面积大于 50 亩的规模农户，平均地块数量为 33 块，需要与 47 个农户进行流转交易。难以达到适度经营规模，说明土地经营权流转政策难以满足当下生产力发展的需要。

自从家庭联产责任制改革以来，理论界就开展农民土地承包经营权流转问题的研究。随着新型城镇化的纵深推进，"三农一村"问题日益成为理论关注焦点，对农民土地承包经营权流转的意愿、影响因素、补充标准、资金来源等问题开展了一定的研究，也对流转模式进行了定性化的研究，但一直未形成有关农民土地承包经营权流转的主流学说，更没有影响到农村土地制度改革政策的制定。就是说，在"集体-成员"的关系中，理论界研究土地承包经营权乃至"三权分置"制度创新的较多，一直较多研究作为成员的农民从集体获得农地承包经营权和宅基地使用权，而对于作为成员的农民如何从集体中脱离土地经营权的机制研究较少。加强作为成员的农民从集体流转出土地承包经营权研究的着力点是完善农民土地承包经营权的流转平台及其运行机制，尤其在国家着重解决新型城镇化进程中"三个一亿人"问题、促进有能力在城镇稳定就业和生活的农业转移人口举家进城落户、实施乡村振兴的大背景下，亟待建构农民土地承包经营权流转平台及其运行机制，在"集体-成员"关系中形成完整的"承包-流出"土地制度。

　　事实上,我国农民土地承包经营权改革中种种问题表象的深层次原因,既与各地改革制度本身不完善有关,更与农民土地承包经营权缺乏完善的流转平台及其运行机制有关。未来时期,紧紧围绕科学处理地方政府和集体农户在土地增值收益上的利益关系,不断增强农村土地制度改革的系统性、整体性和协同性,实现土地制度改革与城乡发展一体化制度体系建设的系统集成,就必须加快完善农村土地流转制度改革(李泉,2018)。

　　四是有关十八大以来农村土地产权问题的制度设计。党的十八届三中全会标志着我国进入全面深化改革新阶段。《中共中央关于全面深化改革若干重大问题的决定》明确要求保障农户宅基地用益物权,改革完善农村宅基地制度,有条件地推进农民住房财产权抵押、担保、转让,完善城乡建设用地增减挂钩试点。2014年9月,中央深改组第五次会议,促使承包经营权分离,形成所有权、承包权、经营权三权分置、经营权流转的新格局。这是顺应时代发展要求,进一步完善农村土地产权的制度创新,是确认农民土地利益的制度化保障。2014年11月,《关于引导农村土地经营权有序流转发展农业适度规模经营的意见》,家庭承包经营为基础、多种经营方式共发展。坚持土地集体所有,放活土地经营权,为农民工进城成为市民创设条件,为农民有偿退出农村土地提供制度保障。2015年10月,十八届五中全会,深化户籍制度和土地制度改革,促进有能力在城镇稳定就业和生活的农业转移人口举家进城落户。指明了破解农业转移人口的具体方向:改革户籍制度和土地制度改革。指明了破解农业转移人口的具体方向:改革户籍制度和土地制度改革。2016年8月,国务院《关于实施支持农业转移人口市民化若干财政政策的通知》,维护农民土地权益,引导地方政府推进有偿退出。正式提出鼓励地方探索农民有偿退出土地试点。2017 年 8 月,开展了 13 个地区的农村集体建设用地租赁住房建设试点,为科学推进农村集体建设用地入市提供可供借鉴的实践经验。在总结 2016 年《关于完善农村土地所有权承包权经营权分置办法的意见》基础上,2018 年初的中央一号文件指出乡村振兴战略实施中要探索宅基地集体所有权、农户资格权、使用权"三权分置"改革。总之,十八大以来国家关于农村土地问题的制度设计的市场化指向愈加鲜明,改革的深度和广度进一步加大,为构建农村土地流转服务平台及运行机制提供了制度保障。

1.3　研究目的与主要内容

农地流转既有农地全要素的同时变动,也有农地全要素中的部分要素变动。在文献研究中,广义的土地流转包括了各种形式的土地使用权让渡和流转,狭义的土地流转是指在农村土地集体所有制下农民放弃其从集体中无偿获得的宅基地使用权和农地承包经营权等,不再从事直接的农业生产(刘同山、牛立腾,2014)。近年来,各地探索依法自愿流转农地经营权,是狭义土地流转方式的制度创新。本研究认为,各种形式的流转实质上都是农民对土地经营权的舍弃,是退出土地经营权外在的表现形式,有期限的流转实质上是一定程度的放弃。因而广义的退出包括流转。探索依法自愿流转机制符合"以人为核心"的新型城镇化发展方向,是一种土地流转方式的创新。在本研究的实证部分,将土地流转限定在农民承包地经营权流转。

（一）研究目的

本研究主要探索乡村振兴背景下农户流转土地(耕地、林地)的有效实现形式,建立农民土地流转的长期有效机制。具体有四个研究目的：

一是归纳当前农村土地流转平台及运行机制的主要类型，当前存在的主要问题。

二是力图构建农民土地承包经营权流转平台的理论框架和分析范式。提出乡村振兴进程中农民土地承包经营权流转的一般条件和要求，为后续的相关研究提供参考。

三是力图揭示农民土地承包经营权流转平台现实情景的内在逻辑。通过多因素影响 MNL 模型分析影响农民选择流转平台的主要因素，采用 ATE-ATT 绩效评价法分析不同流转平台的效应特征，力图揭示平台现实情景的内在逻辑，为完善农民土地承包经营权流转平台及机制提供决策依据。

四是完善农民与集体的"承包-流转"土地完整关系的制度框架，提出"三权分置"有效实现形式和完善平台及其机制的有效路径，推进农村土地有效流转促进适度规模化经营和农业转移人口市民化。

（二）研究主要内容

围绕上述研究目的，按照研究逻辑分析，本研究主要内容分为三大部分 7 项具体内容。具体如下：

第一部分　构建农民土地流转平台的理论模型

本部分主要研究内容有三个：一是以现代产权理论为依据，梳理我国农村土地产权特征及改革的思路；二是研究中国城乡二元结构形成根源、发展趋势，阐述实施新型城镇化战略推进城乡一体化发展的思路、目的和对农村产权制度改革的内在要求，总结归纳各地农民流转土地的平台及其机制；三是在理论研究与现实问题解决的双重分析下，提出研究的理论框架和分析范式。

第二部分　提炼农民土地流转平台的一般要求和条件

本部分主要研究内容有两个：一是进行系列实证分析，从调研数据和资料为依据,构建实证分析模型,依次进行农户流转的三个实证分析,即退地博弈分析、影响因素分析和平台绩效分析。二是归纳提升各地鲜活做法,重点研究了重庆梁平县探索承包地流转、江西余江县探索宅基地有偿使用与流转和云南大理市利用空心村整治探索宅基地和承包地流转的主要做法、取得成效和主要经验,提出农村土地流转的一般条件和要求,提出完善农户流转土地平台及机制的建议。

第三部分 提出完善民土地流转平台及运行机制的政策建议

本部分主要研究任务是两个:在实证分析和经验研究的基础上,提出研究结论、政策启示和进一步讨论问题。

1.4 研究的思路与方法

（一）解决问题的思路

依据研究目的与主要内容,按照一般理论研究的思考,基本研究思路:第一,理论分析,比较系统地梳理农民流转土地有文献资料;第二,实地调研,分析农民土地流转的实现形式,同时分析各种农户流转平台运行机制和一般条件;第三,实证研究,构建实证分析的定量模式,整理前期调研数据资料,进行农户利益博弈分析、影响农户选择流转平台因素分析和不同平台的绩效分析,为完善"三权分置"下流转农地制度提供详实的现实基础和依据;第四,案例分析,分析重庆梁平县探索承包地流转、江西余江县探索宅基地流转和云南大理市利用空心村整治探索宅基地和承包地流转等;最后,提出建议,在理论分析、实证研究和案例分析等基础上,提出完善农民流转土地平台及机制的政策建议。

具体技术路线图 1.1 所示。

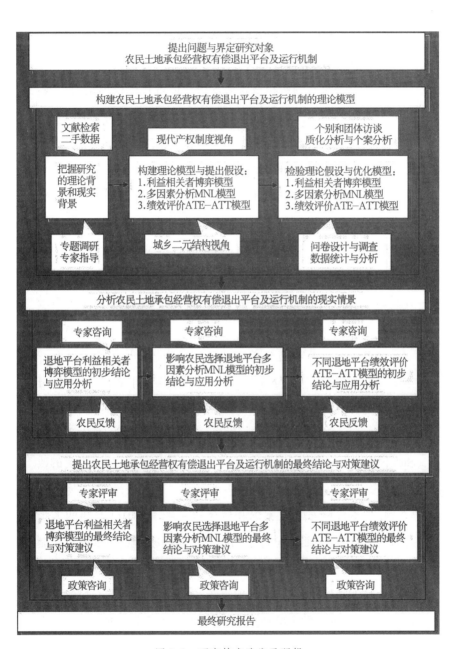

图 1.1 研究技术路线及逻辑

（二）主要研究方法

依据研究目的和各种方法特点，本研究对多重研究方法进行综合，以发挥各自方法最佳效果。

1. 文献整理与调研相结合的方法。以现代产权理论为主线，归纳当前有关农地产权研究的主要进展与趋势；用城乡二元理论，分析"三权分置"下各地流转的有益探索，促进农民化；在综合分析的基础上，提出本研究的理论框架。

2. 规范分析与实证分析相结合的方法。在理论框架内，根据推动退地的主导因素不同，分析各地农民流转土地的实现形式，划分为政府主导型退地平台和农民自由型退地平台两大类，并以此为思路构建了实证分析模型，开展了相关利益主体的博弈分析、影响农户选择不同平台的因素分析和不同平台的绩效分析。

3. 静态分析与动态分析相结合的方法。从当前推进城乡一体化发展和探索"三权分置"农村土地有效实现形式的大背景，分析农民流转土地的现实需要以及主要探索创新。同时，从建国以来的土地"公-私"产权演进中，阐述建国初期私有制，合作化运动和人民公社的公有化，改革开放以来的家庭承包制，理清当前的改革方向。

4. 一般经验与典型案例相结合的方法。以国际产权两大形态为线索，比较全面地分析了国际上不同国家（地区）土地产权制度演进与特点，提出对当前我国"三权分置"下土地制度创新发展的启示和借鉴。同时，从承包地流转、宅基地流转和空心村整治等视角，深入分析了重庆梁平县、江西余江县和云南大理市三地的主要做法、取得成效和主要经验，提炼农民流转土地的一般条件和要求以及对完善农户流转土地平台及机制的有益启示。

1.5　数据来源与案例选择

（一）数据来源

1. 调研数据。本研究定量研究中使用的调研数据，分三个阶段调研取得。第一阶段是在课题论证和初期研究阶段，即 2014 年的寒暑假小范围的调研，可视为预调研。2014 年 1 月，基于课题组所在的周边农村，就近选取了淮北市杜集区古饶镇的留守人口或主要在农村从事农业生产活动的人口，采取入户访谈的方式进行了问卷调查；2014 年 7 月，课题组主要成员联合了重庆文理学院经济管理学院的师生，赴重庆市梁平县进行农村土地流转改革实地调研，联合开展了为期 10 天的田野调研和访谈。

第二阶段是课题组深入研究阶段，主要是课题组负责人在浙江大学农村发展研究院访学一年期间所进行的调研。在杭州市相关部门支持下，对杭州市农业转移人口进行了问卷调研；在浙江大学农村发展研究院协调下，对嘉兴市地区农民流转土地状况进行调研。2015 年 1 月，课题组在杭州市建筑企业管理站的帮助下，对建筑企业外来农业转移人口进行了问卷调查；2015 年 10 月，课题组负责人利用在浙江大学管理学院访学时机，组织课题组部分成员参与浙江大学中国农村发展研究院（CARD）赴嘉兴市姚庄镇进行农民流转土地改革的实地调研，获得了丰富的第一手资料。

第三阶段是课题组在完成研究报告初稿后，对完善研究报告和调研问题进行回头看的调研。根据专家对研究报告初稿的建议，课题组借鉴前期调研的成熟经验，2018 年 1 月底对组织学生曾经调研过的样本区进行大面积问卷调研。相对于前两阶段的调研，本次调研是课题组研究人员组织学生进行展开调研，目的是与两次主要研究人员亲自调研的数据资料进行验证,对前两个阶段的样本区调研对象进行回访。

2. 已有文献中的数据资料。在收集数据和整理资料的过程中,往往因各种客观原因难以获得充足连续的数据,也由于主观原因使得有些数据难以精确。为克服这些不足,本课题组对权威文献中数据资料进行了有效整合,加以使用。同时,也参考了样本区和案例所在区政府部门的统计资料。

(二) 案例选取说明

1. 关于重庆市梁平县案例的选取。一是重庆市梁平县是国家城乡统筹发展改革试点的先行地,地处大城市快速发展和广大传统农区的交汇地带,改革经验具有一般性和创新性,得到社会各界一致赞同;二是课题组负责人与重庆文理学院经济管理学院相关课题研究的负责人系硕士、博士研究生同学,具有多年联合合作研究的基础和条件。

2. 关于嘉兴市姚庄镇案例的选取。一是嘉兴市姚庄镇在全国较早进行农村土地制度改革,其以农村住房置换城镇房产、以农村耕地还城市社保的"两分两换"改革,创造了经济发达地区市场化改革的有效实现路径;二是课题组负责人在 2015—2016 年期间,在浙江大学管理学院进行为期一年的访学,主要围绕农村土地产权制度改革进行专项研究,经访学导师联系,与浙江大学中国农村发展研究院(CARD)相关课题组进行联合调研。

3. 关于在杭州市建筑业和餐饮业的选取。杭州市是接纳安徽、河南、江西等农业转移人口的主要城市,近年来净人口流入在全国增幅最快。同时,建筑业和餐饮业是农业转移人口就业最集中的行业,杭州推进农业转移人口市民化方面做了积极探索,出台了一系列有利于推进农业转移人口市民化的优惠政策,取得较好成效,部分农业转移人口已转变为新杭州人,实现了举家进城奋斗目标。因此,选择杭州市建筑业和餐饮业领域的农业转移人口为调研对象,具有很强的代表性。

4. 关于国内其他地区案例的选取。根据农村综合改革试点区的实践探索,选取农村土地流转制度改革先进地区为典型地区案例,依次对重庆梁平县蟠龙镇、江西余江县和云南大理市银桥镇进行比较全面的分析。

1.6 研究的可能创新

1. 选择以深化农村土地制度改革中的农民有偿退地平台及运行机制为研究研究对象,研究视角创新和新的重要命题。

一方面,农户流转土地是乡村振兴亟待解决的重大问题。随着以人为核心的新型城市化深入推进,解决"三个一亿人"问题,尤其是农业转移人口市民化问题成为当前工作的核心,对农村土地制度改革提出更加明确的要求。在此背景下,国家明确提出了实施"三权分置"的农村土地制度创新,被称为第二次农村土地制度革命。完善农业转移人口流转土地平台及其机制,是稳定农户承包权的重要途径之一,对于农业转移人口市民化和提高土地利用效率都起着极为重要的作用。另一方面,农户流转土地的理论研究不足。已有理论研究大都聚焦于农地流转问题,尽管有些学者针对了农户流转意愿、影响因素、补充标准、资金来源等做了一定的研究,但对于"三权分置"下农业转移人口有偿流转平台及机制问题研究还不够深入和系统,各地探索的实践经验、一般条件和要求的提炼比较缺乏理论研究,尚未形成有效成果。

2. 依据主导作用不同将对农户流转平台划分政府主导型流转平台和农户自由流转平台两大类。

依据农户流转土地的实现路径及不同路径的推动主体不同，将当前多种有偿退地平台划分为两类，即政府主导型流转平台和农户自由流转平台。进一步按照两类平台划分，构建实证分析模型，依次进行相关主体利益的博弈分析、影响农户选择不同平台的因素分析和不同平台的绩效分析，据此阐明不同流转平台的作用机理和对他退地农户的利益变化，并指出政府主导型有偿土地平台的积极作用的内在机理。

3. 提出乡村振兴下农业转移人口流转土地平台及机制建设的路径图。

围绕国外及建国以来农村土地产权制度演变，把握当前农村土地产权制度创新的基本方向和趋势，以现代产权理论为指导，提出农户流转土地的现实需求，以及新型城镇化对农村土地改革的内在要求，提出当前城乡差距难以改变的根源地就在于倾向于城市发展的土地制度。以上述论述为基础，构建了本文的理论分析框架，确定了本文的研究对象、目的和技术路线。

2 理论依据与分析框架

2.1 理 论 依 据

2.1.1 现代产权理论与我国农村土地的产权特征

（一）现代产权理论及科斯定理

作为新制度经济学的重要组成部分，现代产权理论以交易费用为起点，通过重组优化产权管理及产权制度，在交易过程中显著降低成本，实现以较低的交易成本优化资源配置的目的。

现代产权理论发展至今，涌现出了一批著名的产权理论专家，有些以此获得诺贝尔经济学奖，如 Ronald. Coase、Williamson 等。其中的典型是科斯（Ronald. Coase），因其提出的交易费用理论，被称为科斯定理。科斯定理有三个层面的内容，一是若没有交易成本，则产权的初始归属不会影响资源配置；二是若存在交易成本，则产权配置界定的不同会带来资源配置的不同；三是由于交易成本的存在，产权配置界定的变化会带来资源配置的变化，使得产权制度的设置成为达到帕累托最优的基础，亦是优化资源配置的基

础。(科斯定理的思想如图 2.1 所示)

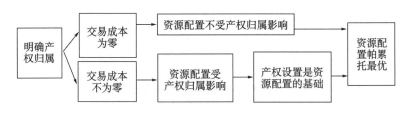

图 2.1 科斯定理图解

科斯定理一经提出,为人们解决实际问题带来的一种全新的有效方案,迅速被广泛应用。其中最著名的例子就是很好地解决了河流环境污染问题(如图 2.2),以及由此推至的用市场机制解决外部性问题。

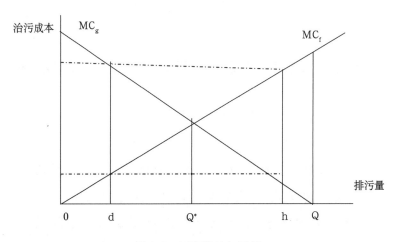

图 2.2 河流排污权图解

在图 2.1 中,MC_g 代表排污企业治理污水的边际成本,MC_f 代表两岸居民的治理河流污染的边际成本,OQ 代表污染物(水)总的排放量。根据科斯定理,无论河流产权属于污染企业还是两岸居民,只要归属问题用法律确定下来并给予严格的保护,在交易成本较低的情况下,通过企业与居民的平等谈判,就可以很好地解决河流污染问题。

若河流所有权属于两岸居民,则企业无权使用河流,河流不受污染。在 d 处点,$MC_g > MC_f$,标明企业每增加一单位污水治理所增加的成本,大于居民。就是说,治理同一单位污染物(水),企业付出较大。为降低治理污染物成本,企业有意愿找居民谈判;因河流本身具有一定程度的自净化能力,具有在不影响水质的情况下,愿意得到一笔收益允许企业排放一定量范围内的污染物。这样,通过交易双方均获得好处。这种状况一直可以持续到交易空间消失,即图中 $0 \rightarrow Q^*$。

同理,若河流所有权属于污染企业,则两岸居民无权使用河流,河流被任意污染。河水污染受害最大的是两岸居民,农业收益和身体健康都收到极大影响,居民有意愿付出一定支出给企业补偿,由企业进行污水处理,较少排入河流污染物;企业有意愿用居民的补偿治理一定量污染物,减少对河流排放。这种状况一直可以持续到交易空间消失,即图中 $0 \rightarrow Q^*$。

因而,依据科斯定理,可以解释我国农村土地各种乱象行为,并据此明确我国农村土地制度改革创新的方向。正是基于这样思路,本研究的理论基础就是现代产权理论。当前深化农村改革仍然以处理好农民和土地关系为主线,关键是破解农村土地低效利用与城市快速发展用地紧张的矛盾,破解农业转移人口不愿无偿放弃抛荒闲置土地与缺乏资金难以市民化的矛盾,建立进城农民土地流转补偿机制,顺应时代发展的客观要求。这一问题的解决,正是现代产权理论的应用最为成功的领域,就是坚持农村土地集体所有、家庭经营基础性地位、稳定土地承包关系,用活土地经营权。

基于这种认识,本研究主要探索"三权分置"下农户流转土地的有效实现形式,建立农民土地流转的长期有效机制,促进有能力在城镇稳定就业和生活的农业转移人口举家进城落户。

（二）国际土地产权制度两大形态的划分

土地制度是一国的基本制度之一，起到固国之本的作用。根据多数专家（周其仁，2010；黄祖辉，2012 等）观点，国际上有两大土地产权形态。一种是以所有权为基础的土地制度安排，相应的使用权依托所有权而存在；另一种是以使用权为基础的土地制度安排，所有权被虚化或固化不变。

1. 以所有制为基础的土地制度安排

当前，国际社会的大部分国家是以所有制为基础的土地制度安排，但不同国家土地私有化形成路径不同，从而土地产权制度的具体内容亦不同，如美国、法国、日本、韩国及中国台湾等。

（1）土地发展权转让收益归私的土地制度安排。这种制度安排是将由于社会经济发展而提高土地收益，将新增收益归为土地所有制。所有者拥有土地增值收益，增强了土地保护积极性，典型的国家是美国和韩国。

在具体做法上，美国政府先后通过了土地发展权转让制度（1968 年设立）和土地发展权征购制度组成（1974 年设立），规定土地发展权归原土地所有者所有，同时禁止非家庭性公司拥有农地和经营农业的直接生产领域，对于国有土地和私有土地，美国形成两种制度并行符合式土地制度（如图 2.3）。韩国则形成了一种管制下的垄断式土地私人占有制度。韩国经历了 1960 年以前的自由买卖和 1978 年以后的管制地价两个发展阶段，在农地管理制度上采取了严格的保护措施，抑制城市开发大量侵占农地行为；在土地开发管理制度方面，韩国实行了公营开发政策，不允许私营企业开发,而是由城市政府集中管理。

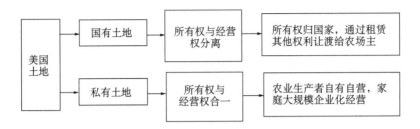

图 2.3 美国土地政策图示

(2) 通过赎买后低价统一卖给农民的土地制度安排。这种实现路径又分两种,一是通过实行土地改革,由政府赎买,然后以低价卖给农民,实现耕者有其田;二是新政府强制收买封建地主土地,低价卖给农户并由农户拥有。这种做法的典型代表是日本、法国和中国台湾。日本土地制度大致经历了三个阶段,严格土地流转阶段、自立经营农户阶段、促进流转鼓励集中阶段,并呈现出鲜明的时代特征(图 2.4)。

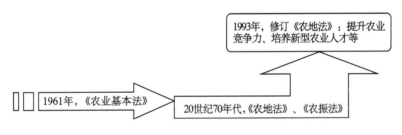

图 2.4 日本土地政策法规演进图

建国之初,法国确立了以小块私有土地为基础的小农经济,但随着小农分化大型农场的出现,出台了限制土地过度兼并的政策,规定农地农用制度,以及弃耕和劣耕的土地收归国有的制度。同时,法国建立了有效的建立土地市场管理机构,即土地事务所和土地银行。

图 2.5 法国土地市场

2. 以使用权为基础的土地制度安排

当前国际上有一部分国家的土地制度是以使用权为基础。这种制度安排是基于特殊的体制机制,逐步扩大土地使用权者的权能,逐渐妥协的结果,如英国、越南、中国大陆等。不同国家土地使用权形成路径不同,从而决定了土地产权制度的具体内容亦不同。

(1) 通过租佃农场实现农村土地所有权与使用权分离。这种路径是在封建地主制度基础上,强行进行资本主义土地制度改造,构建现代农村土地制度,典型代表国家是英国。英国现代农村土地制度根源于封建领地制经济,经过了建立封建领土制经济、强行推进资本主义圈地运动、构建现代农村土地制度等三个发展阶段,最终实现了以使用权为基础的现代土地产权制度安排。封建领地制经济主要由世袭领地和教会地产构成,以庄园为组织形式,又分为租佃领地和领地自营两种,其中领主的自营地由农奴代为耕种。至 19 世纪末,英格兰的农村土地约有 87% 是出租地,二战以后自营农场的比重上升,到 1977 年自营农场比例为 62%。1990 年,英国 50 公顷以上的农场,农场数占 33.3%,农场面积占 82.8%。1947 年,随着《城乡规划法》的颁布,土地权利人要想使用土地,必须先获得开发许可。

图 2.6　英国土地制度建立的路径

（2）通过没收封建土地无偿分给农民使用。这种做法是通过土地革命，无偿地将土地分给农民，同时坚持集体所用，农民长久地拥有土地使用权，并不断强化对土地使用权的保护，赋予明显的物权属性。中国大陆、越南等国家，都是通过这种形成建立了以使用权为基础的土地制度安排。

3. 国际土地产权制度安排的趋同化及启示

由于具体国家形成与发展的路径不同，在土地制度形成方面也呈现出不同的路径依赖。但从实践发展来看，不同国家土地制度形成的过程并不会影响制度本身的功能和作用，国际上两大土地制度形态并不没有绝对优劣之分。只要土地边界清晰，保护严格，通过市场化法制化均能达到优化土地资源的效果。随着经济的高速发展促进了工业化、城市化快速推进，国际上纷纷加强了对土地因改变用途增值收益进行制度设计和制度创新，解决土地因用途改变增加收益的分享机制问题。

根据国际土地产权形态及形成路径不同特征，以及发展趋势，可以绘制一张国际土地产权形态及形成路径对比表，如表2.1。

表 2.1　国际土地产权形态及形成路径一览表

产权形态	形成路径	代表国家/地区
以所有制为基础的土地制度安排	赋予所有者土地发展权收益	美国、韩国
	赎买后统一卖给农民	日本、法国和中国台湾

（续表）

产权形态	形成路径	代表国家/地区
以使用权为基础的土地制度安排	通过租佃农场实现所有权与使用权分离	英国、荷兰
	没收土地无偿分给农民使用	中国大陆、越南

国际不同土地产权制度安排的实践对完善我国农户流转平台及机制具有积极的影响，通过对两大产权形态分析，归纳一般条件和要求，可以得到以下启示：

（1）明确土地产权边界，这是进行土地改革的前提。从国际上普遍经验来看，无论权利属于国家还是个人，只要明确归属问题，都能形成稳定的土地制度。尽管我国台湾地区实行土地私有制度，但是土地产权边界明确。即便是越南，现代以来的土地制度改革，依然加重对农民土地权益的保护。

（2）分离土地经营权与所有权，这是推动土地流转提高土地利用效率的前提。只有经营权作为独立产权形态，才能赋予土地经营者的法律权利和维护其合法收益。同时，只有经营权从所有权分离出来，才能实现土地流转，进行土地流转或流转。日本土地制度的三次调整，都是沿着这一方式推进。

（3）建立土地产权制度保护机制，这是推动土地流转的关键。明确产权是前提，必不可少。但是关键要对产权进行有效的保护，尤其要限制公权的侵害。绝大部分国家都是以宪法形式保护土地产权不受侵害，不仅明确不受任何社会和个人侵犯，同样也限制政府强征枪战。

（4）构建土地中介机构，这是完善流转平台及机制的重要环节。运用产权理论的关键是降低交易成本，同时要降低搜寻土地的信息成本,这是土地市场不可缺失的重要环节。土地中介机构缺失或不健全,必然是政府组织主导土地市场,扭曲土地流转或交易,难以建设真正的土地市场。

2.1.2　城乡二元结论与新型城镇化

（一）城乡二元社会结构的普遍性和过渡性

从历史发展来看,国际上多数国家都经历过或正处于城乡二元结构,这是普遍的发展现象。传统社会以农业为主,城市和工业规模较小,这就决定了国民生产和劳动力就业都集中在农业,城乡发展虽然有差距,但没有本质性区别,这构成了传统社会的基本特征。但进入工业化时代以来,城市和工业规模迅速扩大,城市发展逐渐显示出对社会的引领作用。在农业向工业转型、农村向城市转型的过程中,就伴随着城乡不仅有差距,更有了本质性区别,城乡二元社会结构的普遍性和过渡性现象,是必然的过程。

自从 20 世纪 50 年代开始,二元社会结构理论开始形成并获得不断发展。二元社会结构理论以 J. H. 伯克（荷兰）为代表,提出了二元结构社会理论。早期的二元社会结构理论没有说明白由城乡传统部门向现代部门转变的内在关系和联系机制,仅仅是对二元社会结构进行了静态分析。直到 A. Arthur. Lewis 阐述了农村劳动力向城市不断转移的条件及终止状况,提出了工业化带动论之后,二元社会结构理论才引起广泛认同。

Arthur. Lewis 二元结构理论的核心思想在于,发展中国家存在维护生计的传统部门和工业发展的现代部门,但两个部门的劳动力效率不同,农村传统部门的劳动力边际产出期初为零,甚至负数;城市现代工业部分的劳动力边际产出期初大于农村,劳动力收入高于农村。传统部门劳动力由于追求较高收入,不断向现代部门转移,同时减少了农村剩余劳动力,促进本部门劳动力的边际产出变大,直到两部门的劳动生产率边际产出相等,劳动报酬相等,劳动力转移才会停止。显然,这种转移是以劳动力自由迁移为前提。

随后,G. Ranis&J. H. Fei 等完善了 Lewis 二元经济结构理论,依据农村劳动边际生产率等于零、大于零、与城市现代工业相等三种情况,将二元经济结构的演变划分为三个发展阶段,这一过程被称为"费-拉"模型。该模型的贡献在于,城市现代工业与农村传统农业两个部门要同步发展,确保农村成语劳动力不断向城市工业部门转移,直到两部门劳动力边际产出相同,劳动报酬相同,二元结构社会结构消失,实现城乡一体化发展。Jorgenson 使用数量模型分析方法,将土地和劳动作为农业部门生产投入,资本和劳动力作为工业部门生产投入,证实了 Lewis 二元经济结构理论。Harris&Todaro 等又将失业问题纳入二元经济结构理论,认为农业发展是实现城乡二元转换的基础,解决失业问题的途径在于发展农村经济,提高农民收入。

二元经济理论逐渐完善并不断发展,与发展中国家的现实愈来愈符合,并指导着各国实践发展,为广大发展中国家解决二元结

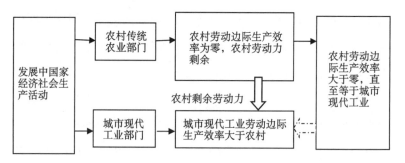

图 2.7　Lewis 二元结构理论

构转换的理论基础。

表 2.2　二元经济结构理论及代表人物

代表 人物	J. H. 伯克	Benjamim. H. Higgins	A. . Lewis	G. Ranis& J. H. Fei	Jorgenson	Harris& Todaro
相关 理论	二元结 构理论	发展中国家二元 结构社会的特征	劳动力 转移模型	提出费- 拉模型	农业产生 农业剩余 劳动力	引入失业 问题

（二）建国以来的城乡二元社会结构

建国以来，为尽快建立工业体系，支撑全国经济社会发展，沿着城市化、工业化发展道路，我国实施了一系列农村支持城市、农业支持工业发展的倾斜性政策，甚至实施了高度集体化的农业生产，最大限度地转移农业剩余，以完成国家工业原始积累。改革开放以来，继续实施倾斜于城市和工业的政策，尤其以征地方式取得城市发展用地，依靠二元化的土地财政促使城市大发展，农村发展投入严重不足。可以认为，建国之处客观原因使得我国形成了二元社会结构，但改革开放以来主管上又加大了二元社会结构，出现了举世罕见的"农民工"现象，规模之大史无前例，问题之严重已成为危及社会稳定安全的根源。

一些学者（如黄宝连，2013）借助二元经济结构理论，构建以简易的测度指标，对我国建国以来的城乡二元结构演进的过程进行划分。综合起来，建国后的 60 年间，二元经济结构在我国演进过程大致可以分四个阶段，即形成与固化阶段，缩小与平稳阶段，徘徊与严峻阶段，以及拉大与改善阶段。各阶段不仅具有明显的特征差异性，而且推动其形成的因素也不同。

1. 形成与固化阶段，时间大致在 1949—1978 年

由于建立在半殖民半封建的社会基础上，新中国成立之处是

在一穷二白的一片废墟中开展建设。不仅如此,外部环境上还处于国际封锁之下。历史决定了建国之处的必须尽快建立起工业体系,必须大力发展城市经济。在长达30年的时间里,我国以行政计划的强硬手段,奉行重工业优先发展、农业为工业服务的制度安排,如统购统销、人民公社运动、户籍制度等,从而为工业化发展提供原始资本积累。在建立了较完整的工业国民体系的同时,导致了城乡二元社会,农村依然温饱不保,贫穷落实。

2. 缩小与平稳阶段,时间大致在 1978—1984 年

迫于集体公社严重阻碍了生计问题,为解决农民吃饭问题,农村自发进行了耕地大包干改革,进行家庭为单位的农业生产经营。在试点的基础上,很快在全国推进,形成了家庭联产承包的农村基本经营制度,农村经济获得了繁荣发展,解决了农民衣食问题。这一段时期内,农民获得了土地经营承包权,独立进行农业生产经营,发挥了家庭为单位经营的潜在效应,农业、农民、农村均得到了发展,城乡关系得到改善,呈现缩小与平稳的特征。与此同时,束缚农民的制度枷锁(统购统销、户籍制度等)依然存在,限制农村劳动力自由流动,城乡关系的改善并未促使农村劳动力流向城市。

3. 徘徊与严峻阶段,时间大致在 1984—2002 年

家庭承包经营制度很快解决了农民温饱问题,粮食接连丰收使供过求,出现难得的过剩。在制度方面,从 1984 年开始,我国采取倾向城市发展的一系列政策,随着二元土地制度、户籍制度以及附属其身的社会保障制度等建立,二元工农城乡就得以形成并固化,在客观上形成了城乡二元结构并长期存在,直到今天,差距依然较大。同时,这一时期,农业生产剩余劳动力不断增加,农业劳动力的边际产出为零,逐渐形成了"农民工"阶层。

4. 严峻与改善阶段，时间 2002 年以后

进入新世纪前后，尤其 2002 年以来，我国加大了对农业、农村的投入，逐渐制定了针对促进"三农"问题的政策措施，连续的"一号"文件发布，以及专项农村改革不断推出，城乡"二元"突出问题有所缓解。但是短期内很难实质性提高农民收入，尤其随着"农民工"问题的凸显，新生代农民工出现，由"三农"问题演变为"四农一村"问题，城乡"二元"差距扩大的势头总体仍未得到遏制（陈锡文，2011）。

（三）中国城乡二元社会结构形成的体制根源

1. 中国二元结构的现实悖论

二元经济结构理论是以要素城乡之间自由流动为前提条件，在市场作用下，推动劳动力要素从农村流向城市，从农业流向现代工业，从而提升了农业劳动力的边际产出，提高农业劳动报酬，带来农村发展，改善城乡关系，最后消除城乡"二元"分割，走向一体化发展。换句话说，就是在刘易斯拐点之后，城乡收入差距将进入收敛过程，直到城乡收入差消失，城乡二元结构完全消失。发达国家和东亚经济体先后成功地见证了该模型的预言，先后走出农业社会，实现了经济和社会结构的现代化，其标志为农业在 GDP 中的份额和农业人口在总人口中的份额双双大幅度下降。

然而，我国的二元经济社会却表现出不同于国际情况的特征。尽管近年来不断加大对农业投入、支持农村发展的今天，农村出现新的"空心化"、"边缘化"趋势，尤其是中西部地区、东北地区，以及边远山区，城乡"二元"分割出现拉大的趋势。

2. 中国二元结构的体制根源

相对于绝大部分发展中国家而言，中国的城乡二元结构又呈

现自己的特殊性,表现在这种二元结构主要是制度性的,作为这种城乡截然区分的制度体现,现行户籍制度和土地制度的种种规定是世界少有的(文贯中,2016)。近年来,一些专家指出,长期以来中国城乡差距的根源是对农村功能的错误定位,是对农村功能定位的计划经济思想(周其仁,2014;文贯中,2015;黄宝连,2015;路乾,2016)。深入分析表明,城乡二元体制延续是根源,城市偏向政策是推手(周其仁,2008;黄祖辉,2010)。在计划经济体制下,统购统销、人民公社运动、户籍制度等城乡隔离制度的实施,以行政计划的强硬手段,形成城乡"藩篱"、人为"隔离带",阻止了工业化发展大量吸收农业剩余劳动力的能力,形成更大的城乡差距(文贯中,2016)。

当前关于城乡发展的政策制定,仍然受到计划思想的严重影响,如将"粮食安全"与农村土地及农民捆绑一起,将区域功能与产业布局捆绑在一起。有些部门甚至认为,农村承担着国家重要职能,提供生态安全屏障,保障粮食安全,农村进行必要的建设,都应是围绕其功能来规划和建设(陈锡文,2016)。在这种思想的指引下,中国制定了严格的土地用途管制制度。在用途管制加行政分配指标的约束下,在现行的严格农村土地用途管制制度下,农民没有完整的土地产权,土地市场制度建立不起来。

从根本上讲,农村严格的土地用途管制思维是农村土地产权与市场残缺的思想根源,以牺牲农民发展权为代价保护"粮食安全",让农民长期承担"粮食安全"的国家责任。二元结构根本转换在于突破思想束缚,构建新型城乡关系。只要现行土地和户口制度不废除,刘易斯两部门模型所预言的城乡收入差的收敛过程遥遥无期,即使结束城乡二元结构的其他必要条件已经具备,也难以消解城乡二元结构。

（四）城乡一体化发展

1. 发展背景

改革开放以来，特别是党的十六大以来，我国城乡关系向着科学化方向演进。但由于历史等诸多原因，城乡关系不协调仍然是我国当前面临的最大经济和社会结构矛盾。上述关于二元结构体制根源分析表明，城市得到发展来自两方面的动力，一是不断出台有利于城市发展的制度和政策，二是城市部门掌握着全社会资源，两者双重叠加的必然结果，城乡差距持续拉大而不是改善。构建新型城乡关系的根本，就是要改变倾向城市发展的土地政策，让社会资源在形成自由流动。

2. 新型城镇化对农村土地制度创新的要求

以人为核心的新型城镇化，其本质是以人民为中心的发展思想，核心是解决好"三个一亿人"的衣食住行、生老病死、安居乐业问题。围绕这些问题，实现农村土地的"三权分置"形式，单独鼓励土地流转是远远不够的，不仅存在种种问题的，也难以推进农业转移人口市民化，必须完善农民流转土地制度。

实现中，探索农村土地"三权分置"的有效实现形式，进行农村土地制度创新，要有利于降低农业转移人口市民化的"门槛"，为其提供资金支持；要有利于解决农村耕地保护与低效耕种甚至抛荒的矛盾，有利于解决城市建设用地今紧张与农村宅基地任意扩大甚至甚至闲置的矛盾，实现进得了"城"，脱得了"农"。为此，在有条件的地方引导农民自愿、有序、有偿地转让、流转农村土地，增加农民土地财产性收益，让群众有更多获得感，是现实的必然选择。当前应加强对试点工作的调研指导和评估总结，深入提炼经验做法，形成可复制、可推广的改革经验和模式，完善土地流转流转平台及其机制。

2.2 农村土地产权的演进及"三权分置"的制度化

2.2.1 土地制度发展的历史阶段划分及特征分析

（一）农村土地产权制度的主要类型及特征

一般研究认为，建国以来，经历了计划经济时代土地集体所有集体经营，改革后的"两权分离"，以及刚出台的"三权分置"这一系列重大制度变迁，一直是在集体统与农户分的不断演变。我国农村土地制度改革大致经历了四个不同的发展阶段（张红宇，2014），对应四种不同的制度安排，即建国初期的私有私营，合作化时期的私有公营，人民公社时期的共有公营，改革开放以来的公有私营。不同农地使用制度安排对农业生产绩效有明显影响。本研究依据农村土地所有权和使用权在集体与农民之间的归属不同，依据排列组合原理，归为集体所有家庭经营制、集体所有集体经营制、农民所有集体经营制和农民所有农民经营制四个不同类型。

1. 农民所有农民经营制

建国以前，我国的土地制度是封建地主占有绝大部分土地，广大农民租佃地主土地进行农业生产，生产所得的大部分以地租的形式被地主所有，造成了严重的社会矛盾，成为革命的根本原因。为此，建国之后，为满足长期以来农民对土地占用的强烈愿望，农村土地制度采取的是农民平均分得土地，并占有土地，实行土地产权自由流动，农民自由经营农村土地所有权和经营权高度统一于农民，即完全的土地私有制。土地改革所确立的农民所有农民经

营制,适应了当时生产力发展要求,巩固了新生政权。这一制度的
时间是从 1949 年开始,至 1953 年发生变化。

2. 农民所有集体经营制

建国初期的土地制度,显然是整治的权宜之计,过渡性的制度
安排,实现革命目的的必然要求。但是,新中国是在农民一无所有
的基础上成功实现当家作主的社会现实中建立的,当家作主的农
民甚至没有基本的劳动工具,尤其是牲畜严重不足。同时,小农式
的生产范式,也是社会主义革命的目的。要在满足农民占有土地
的同时,很快暴露出不足。在满足农民占有土地的情况下,为弥补
生产工具不足和资金缺乏的困境,结合当时实际,主要采取初级合
作社集体经营土地,克服家庭经营劳动资料不足的缺陷,促进农业
生产进一步发展。但这种农业生产方式,并不是社会主义所向往
的公有制,在偏好和意识形态趋势下,很快向土地集体所有集体经
营制度演变。

3. 集体所有集体经营制

土地农民私有制既不符合以马克思主义为主流的意识形态,
也没有极大地提高农业生产力,只能是一个过渡性的制度安排。
由于受极左思想的影响,过度强调农民互助合作,在初级合作社的
基础上,以强迫性土地产权制度变迁的方式,党开始在较短时间内
实施从初级社过渡到高级社,即人民公社。人民公社的农业生产
方式,集体统一组织进行生产经营,统一劳动和分配,农民除基本
生活保障外,无任何实现性。但在当时条件,我国可以实现由农民
私有制快速演变为集体所有制,主要一个原因是农民通过无偿获
得的方式取得土地所有权,在这种前提下,农民很自然地服从了执
政党的政策。

4. 集体所有家庭经营制

党的十一届三中全会以来,党的中心工作是进行经济建设,实施改革开放。在农业领域,最大的贡献是确定了农村联产承包的比较经营制度,农民家庭成为相对独立的农业经营主体,农村土地实现了集体所有、家庭经营的"两权分离"制度。

家庭经营制度确立以来,经过近 30 年的实践创新,不断适应农村、农业和农民的发展变化,进行了自我完善与发展。其中最大的亮点有两个方面,一是承包关系的年限越来越长,二是扩大承包经营权内涵,不断加强保护。

从"中央 1 号"文件来看,1982 年正式肯定了土地农民家庭承包经营制度,1983 年赞扬为是"我国农民的伟大创造",标志着确立为国家农村发展的新战略。1978—1993 年,实施第一轮的土地承包。1993 年以后,实施第二轮土地承包,落实土地承包期"再延长 30 年不变"的政策,党的十七届三中全会进一步提出,切实保障农民土地权益,农民承包集体土地的承包关系长久不变。同时,赋予农民土地承包权更多的权能,逐渐实现承包权的物权权能,农民可以将承包权进行转包、转让、入股、租赁等形式流转,直至党的十八届三中全会确立了"三权分置"新制度,延伸到担保与抵押权利。

客观地讲,家庭联产承包责任制是中国依据自己发展阶段和国情进行的独创土地产权制度,一种特殊的土地产权制度。这种渐进式的低成本制度变迁,充分发挥了家庭经营优势的同时,又坚持了土地集体所有制,实现了经济效益和政治效益在土地制度上的统一。随着改革开放的深入推进,尤其新型城镇化战略、全面实现"三个一亿人"部署等实施,农村土地制度不断创新,产权形态也从"二元"演变为"三元",甚至"股权化",家庭承包责任制不断完善。

表2.3 农村土地产权制度的主要类型及特征

不同类型	主要特征	形成背景
农民所有农民经营制	私有私营:土地所有权、使用权均属于农民	土地改革:满足农民对土地占用愿望,巩固新生政权
农民所有集体经营制	私有公营:土地所有权属于农民,集体统一经营使用	农业合作化:弥补生产资料不足,组建生产互助合作
集体所有集体经营制	公有公营:土地所有权、使用权均属于集体	人民公社:建立公有性质生产关系,主观意识形态主导
集体所有家庭经营制	公有私营:土地所有权属于集体,农民承包经营	改革开放:解放思想,调动农民积极性,放开土地承包使用权

（二） 农村土地制度发展的历史过程

上述以制度视角所进行分析,四个阶段划分与中国建国前后及改革开放的历史节点是基本吻合的,因此,农村土地制度发展一方面与产权制度不断完善,另一方面也与我国经济社会制度改革前进的方向是一致(具体可见附表1)。

从建党之初,就确定了农民与土地的关系,即《中国共产党宣言》,主张将土地等生产工具收归社会共有,虽然是理想状态的土地制度,但是迎合农民革命的保守私有天性,在革命中提出"打土豪、分田地"土地改革政策,将革命后的土地完全分给农民耕种。建国后,新中国第一部宪法、第一部土地法,均承认了农民私有土地制度,但在集体化进程中,不断强化了土地集体使用,直至集体拥有土地制度的完全确立,在这一过程中,国家依靠权威按自己意志,插手农民土地和经营,农民则因无偿取得土地而服从国家意志,失去土地所有权。改革开放中,不断弱化了集体经营土地作用,之至将土地分给家庭经营,确立的新的农户家庭承包责任制,同时不断完善集体所有制度的实现形式,实现了农村土地"两权分置"到"三权分置"的制度创新。新时期以来,尤其是十七届三中全会以来,对农村土地制度又进行了较大程度的创新,提出农村土地承包关系长久不变的新政策,十八届三中全会以来,国家明确了农民农村土地承包经营权可以转包、转让、入股、租赁等形式流转,可以抵押和担保等新政策,赋予了农民承包地的物权属性。刚刚出台的《关于实施支持农业转移人口市民化若干财政政策的通知》,引导地方政府鼓励地方推进流转、促进有能力在城镇稳定就业和生活的农业转移人口逐步市民化。

我国农村土地制度的"统-分"、"集体-私人"之间的不断演进,根本原因在于人多地少的小规模农业国情所至,探索两者的不同时期恰当结合方式。具体来说,在改革前,一直是构建集体所有、统一经营制度;改革后,一直是不断放弃"统"、加强"分"的制度设计;新时期,运用市场机制,加强"统"的作用,凸显土地经营权。改革以来的农村土地制度创新,体现了制度设计的渐进性、灵活性和包容性,具有同向性、规范性的特点。不同时期的"统"与"分"演义,逐步完善农村土地经营权制度及运行机制,是渐进性的体现。农户承包经营权从所有权中分离出来,又分置为承包权和经营权,农户拥有承包经营权的具体形式灵活多变。承包经营权取得以集体成员为资格,农户土地权利具有特定性和排他性,"三权分置"中的经营权主体不限于集体成员,主体资格包容性很强。土地制度演化促进多元新型农业经营的形成,演进中始终坚持集体所有、维护承包户基本权利,充分尊重农民自愿选择的权利。

2.2.2 "三权分置"的提出与制度化

（一）"三权分置"的产权内涵

在十八届三中全会上，中央明确了农村土地产权制度改革的政策基调，即"三权分置"的新制度，被称为农村土地第二次制度革命。2016年10月，中办和国办印发《关于完善农村土地所有权承办权经营权分置办法的意见》（简称《三权分置意见》），完整地阐述了落实集体所有权、稳定农户承包权、放活土地经营权的制度设计，鼓励地方政府推进土地流转、促进有能力在城镇稳定就业和生活的农业转移人口逐步市民化。

农地"三权分置"制度坚持农村基本经营制度，改革重在放活经营权，使得经营权从承包经营权中分离，独立成一个权利，可以在更大范围内优化配置以满足农业规模化和现代化发展的需要，适应了农业生产力发展的客观需要和市场配置土地资源的改革方向，既坚持完善了农户家庭承包的基本形态，更扩大了土地经营主体范围，促进了农村土地的集约化利用。

相对于"两权分离"，农地"三权分置"制度的逻辑是设置三项权利，而不是"分离"权利。这样，农地"三权分置"制度既满足了权利形态的分离性，又满足了权利运行的独立性。也就是说，农地"三权分置"制度在坚持了农民承包权利的同时，放活土地经营权。因此，农地"三权分置"制度被称为新时代的制度重大创新，意义影响深远。

（二）"三权分置"的法理分析

"三权分置"改革从提出之初就一直受到经济学界、社会学届专家的认可。但是法学界却有不同的观点。法学界一般认为，

"三权分置"的表述缺乏法理支撑,根本原因经营权是承包经营权派生出来的,农地经营权的本质是债权。个体农民组成集体,集体共同拥有土地,然后是作为成员的个人承包和流转集体土地。就是说,农户的流转权与承包经营应是一个层面的权利,是一个问题的两个方面;经营权是从承包经营权中分离出来的,派生出来的,与集体所有、承包经营与流转权不是同一层面的问题(刘守英,2015 年)。

"三权分置"制度安排中,农民集体所有权是"权源",要充分发挥其集体作用,提高土地利用效益,辩证看待土地经营权。法学界认为,经营权的确认有利于保护经营者利益,促进土地适度规模利用,但其前提是土地所有权处于绝对优势和强势地位,才能赋予承租方的租赁权(经营权)以物权特征,否则容易对前者造成挑战与侵犯。

因此,法学界认为,当前亟待增强土地集体所有的权利功能,纠正所有权"虚化"的现实;切实保护承包权利,纠正承包权被侵害的现实。

2.3 "三个一亿人"问题与农民土地流转

2.3.1 新型城镇化的核心是解决
"三个一亿人"问题

(一) 以人为核心的新型城镇化

世界城镇化发展普遍规律就是诺瑟姆曲线所揭示的城市化发展趋势。依据著名的诺瑟姆 S 形曲线(如图 2.8),可以将城市发展水平三个阶段,与我国城市化的基本情况是相吻合的。在城市化发展初期,城市发展慢,城市化水平低;在城市化中期,城市化快速发展;在城市化后期,城市发展缓慢,甚至停滞不前。具体就是,在发达国家城市发展史上,当城市化率达到30%以后处于加速阶段;处于70%以后,又进入缓慢发展阶段,但不会达到100%。约瑟夫·斯蒂格利茨指出,"中国世纪从2015年开始"。特别是20世纪90年代中期以后,城市化率每年提高一个百分点以上,每年新进入城市的人口达1400多万。2011年,中国城市化率首次突破50%,2015年到达56.1%,我国整体上进入城市化发展的关键时期,各种"城市病"涌现。而在大多数发达城市或加大城市,传统的"三农"问题表现为日显突出农民工和"城中村"问题,演变为更为复杂的"四农一村"问题(陈锡文,2014)。同时,我国城镇化又是低水平的,有2.82亿的农民工无法实现市民化,虽然已脱离农业,但却融不进城市。

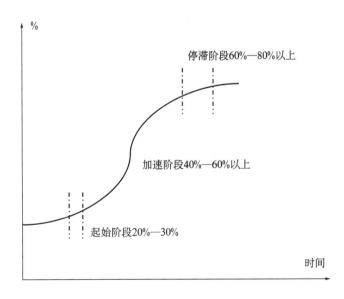

图2.8 城市发展的S曲线(诺瑟姆曲线)

《国家新型城镇化规划(2014—2020 年)》指出,我国仍处于城镇化率 30％—70％的快速发展区间,与此同时,传统粗放式的城市发展方式已不再适应要求,我国的城镇化已进入以提升质量为主的转型发展新阶段。面对城市化发展的新形势,在遵循世界发展规律的基础上,推进以人为核心的新型城镇化,到 2020 年要解决好"三个一亿人"问题(李克强,2014)。

(二)"三个一亿人"的归宿是有序实现无差异的市民化

解决"三个一亿人"的关键是城市发展(刘世锦,2016)。2015年 12 月 20 日,时隔 37 年后,中央城市工作会议在北京召开,体现新一届中央领导集体对城市工作的重视,标志着新时期城市发展的中心地位。各界普遍认为,解决"三个一亿人"关键点是城市的发展。习近平总书记(2014)指出,新型城镇化为数以亿计的中国人从农村走向城市、走向更高水平的生活创造新空间,为他们提升个人幸福指数提供新机会;新型城镇化首要任是促进有能力在城镇稳定就业和生活的常住人口实现市民化。

可见,"三个一亿人"的归宿是有序实现无差异的市民化,构成了发展的最大动力。为解决"三个一亿人"问题,要加快落实户籍制度改革,推进居住证制度覆盖全部未落户城镇常住人口,加快城镇棚户区、城中村和危房改造,加快培育中小城市和特色小城镇,完善土地利用机制,规范城乡建设用地增减挂钩,多渠道保障城镇化资金需求,深化试点,健全新型城镇化工作机制等多方面,提出了新型城镇化建设的具体措施。

2.3.2 破除"三个一亿人"问题的土地藩篱

随着新型城镇化的深入推进,一方面城市建设用地紧缺,也带动了农村建设土地的增值,但在二元土地制度下,农村土地闲置与土地资源价值无法实现并存。基于集体共有土地制度,农民具有对土地的承包使用权,如果农民选择流转土地使用权,流转机制实际上意味着是一种补偿机制(杜晓山,2016)。农民之所以不愿放弃土地,一方面是进城务工的农民没有社会保障(樊胜根,2016);另一方面是有效集中土地的交易成本较高。现实矛盾必然寻求一种市场化的解决途径,就是建立起土地流转与使用制度,既可以实现土地需求者规模化经营需要,又能增加转移人口财产收益,增加资金支持,有效地促进进城市民化。

研究普遍认为,土地制度已成为农业转移人口市民化的最大约束,是阻碍农业转移人口举家进城落户的最后藩篱(周其仁,2015);而破除"三个一亿人"问题的土地藩篱,必须建立进城农民土地承包经营权流转机制。因此,各地不断出台促进农地流转的改革措施,其中,构建政府主导型农地流转服务平台及其机制成为比较一致的做法。

2.4 农民土地流转的理论模型

2.4.1 当前土地流转平台类型

在中央农村土地承包关系"长久不变"政策出台以后,尤其"三权分置"土地制度创新以来,各地积极进行土地流转制度创新改革。在理论上突出"三权分置"实现形式研究的同时,地方更为解决土地利用中诸多矛盾而不断探索促进农民有偿土地流转的有效措施。各地创新做法较多,大致可以将当前土地流转平台类型主要有基层村社搭建土地流转平台、村组与企业联合搭建平台、农民自行组成土地合作社、农民直接转让给农业大户等四种流转平台。

一是基层村社搭建土地流转平台。为推动农户愿意流转土地，由村组或社区出面，统一收回农户交回上来的土地，由村集体再按照市场原则流转出去。重庆梁平县的试点中，农民自愿将土地留给集体，由村社集体统一流转给土地需求者。重庆市探索的"地票"制度是政府运用市场化手段，以集体公用利益在边远地区的建设用地集约利用后，扩大耕地规模，来置换大城市边缘的建设用地指标。

二是村组与企业联合搭建平台。种养大户或农业龙头企业为减少谈判成本，也为避免与村民发生直接关系，往往委托村组集体组织代表人，作为第三方，实现流转土地的目标。村组集体组织代表人既代表农民流出土地，集中交付流转土地；也代表企业，向农民流入土地。如村组收回农户交回的土地后，联合农业企业共同开发利用，由企业具体进行开发。

三是农民自行组成土地合作社。出于集体成员内部，将承包土地的经营权以股份的方式，在本社区入股成立土地合作社，统一经营。如广东南海地区广泛推广的土地股份合作社，苏州吴中区的土地合作社。广东南海地区以土地为中心的社区土地股份合作制，实行了农民股权"生不增，死不减"，允许继承、流转，实物形态的土地不再承担农民的生存保障功能，不必再无限析分，可以完全按照市场机制优化农业的资源配置，初步形成社区股份合作制作用下的农业规模经营。

四是农民直接转让给农业大户。农民直接与种植大户进行土地经营权的转让，将土地剩余承包期限内的经营权"一次性"转让给农业大户。这种做法越来越被推广，即稳定了流入农户追求稳定土地经营的要求,又能直接实现流出土地农民获得土地收益的愿望。在调研的典型地区,重庆梁平县的试点做法是按照这样的方式实现较大规模土地经营权流转。

为探索农民土地流转的长期有效机制,促进农业转移人口市民化,本研究将上述不同土地流转平台划分为两个类型,即农户自由流转平台和政府主导型流转平台,以此为线索进行系列实证分析,揭示各地政府构建的土地流转服务平台体系功能与作用的机理,研究对流转农民土地长期利益的效应和影响。

2.4.2　理论模型

（一）理论模型的构建

在许多业内人士看来,推进农村土地产权制度改革涉及利益相关者多,问题复杂不易解决,一些地方所探索的经验和有效做法,需要国家层面进行具体顶层设计。有专家提出,土地流转有三个难点,即增加农民退地意愿、确定退地标准和确定评估机构,第一个问题是关键是建立社会保障,第二个问题是确定补偿的标准度,第三个问题是形成第三方评估机构(杜晓山,2016)。另外,有专家指出,土地流转存在三个核心问题,即流转土地怎么补偿、流转土地怎么利用、流转土地农民怎么市民化,并据此构建了进城农民土地流转和补偿机制,必须形成建立一套多渠道的资金筹措模式(汪晓春,2016)。

综述当前关于农民流转土地的研究,影响流转土地的关键因素是补偿方式和补偿标准。在农地承包经营权方面,设计考量货币化补偿和经营性补偿,形成有效、持续和稳定的农地收益;在宅基地使用权方面,应就货币补偿、住房置换、购房补助进行设计考量,并对退地农民在就业、教育、住房和社会保障方面作出可持续发展保障安排(黄花,2014)。

依据已有研究成果和研究目的,本研究提出了农民土地流转平台及机制建设的理论模型(如图2.9所示)。构建理论模型分的基本逻辑在于三部分:首先,剖析城乡二元结构社会突出的现实矛盾,分析中国"四农一村"问题产生的制度根源;其次,国家为解决"四农一村"问题,推进以人为核心的新型城镇化;再次,推进"三个一亿人"问题有效解决的路径是去除农民的土地桎梏,国家提出农村土地"三权分置"的制度创新,地方积极探索流转土地的平台及其机制,从各类平台的主导力量划分,将众多的土地流转平台或路径总体概括为政府主导型和农户自由型两大类。

(二)研究对象

在上述理论模型中,理论界对前两部分已进行了一定研究,取得比较一致的结论。而第三部分,即农村土地"三权分置"下土地流转平台的研究不足,尤其是对各类流转平台效应的制度分析和实证研究缺乏,目前研究过多关注的是狭义上农村土地流转问题,以"三权分置"后农村承包地(耕地、林地、草地、养殖水面等)经营权流转为研究对象,围绕各类流转平台绩效及对农民影响等问题,提出完善流转平台及运行机制的政策建议。

本研究着重于理论模型的第三部分,即总结各地探索农民流转农村土地的创新实践,将众多的土地流转平台或路径划分农户自由型和政府主导型;通过实证分析影响农民选择流转平台的主要因素,比较不同流转平台的综合效应和对保障农民权益的长期影响,提出完善农村土地流转的平台及其机制的对策建议,为解决"四农一村"、推进"三个一亿人"等重大问题提供理论参考。

　　基于"承包-流转"农村土地的"个人-集体"的制度体系,理论模型揭示了三个层面的问题:一是以农民无偿取得农村土地使用权为逻辑起点,二元土地制度与户籍等制度相互作用,形成了我国特色的城乡二元社会结构;二是随着新型城镇化推进,土地家庭承包经营制度、宅基地使用制度的不断演进,实现了从承包经营权从集体所有权中分离的"两权"制度、到经营权从承包经营权中分离的"三权分置"的转变,伴随着"三个一亿人"问题、"四农一村"问题等不断凸显及解决,农民流转集体土地制度日益被得到重视;三是当前各种矛盾的焦点,集中在重构农民流转农村集体土地平台及其运行机制,形成完善的流转机制,从而突破城乡一体化的土地制度桎梏,促进"三个一亿人"问题、"四农一村"问题的解决,实现新型城镇化进程中农村转移人口举家进城落户。

　　本研究主要是研究第三个层面的问题,探索"三权分置"下农户流转土地的有效实现形式,建立农民土地流转的长期有效机制。构建农户流转土地的理论模型,阐述完善农户流转土地平台及机制是"三权分置"创新制度的重要组成部分;归纳总结不同地区的积极探索经验,提炼农户流转土地的一般条件和要求,通过平台的综合效益进行比较分析,提出完善农户流转平台及机制的政策建议。

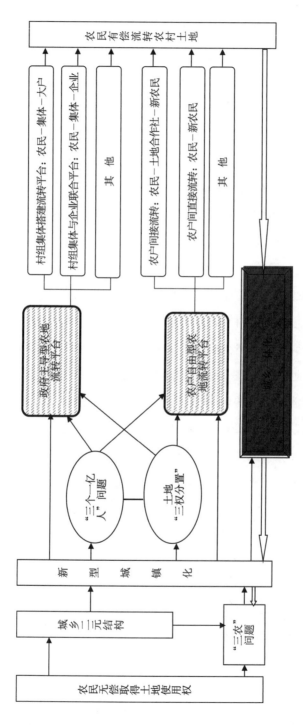

图2.9　农户土地流转平台及机制建设的理论框架图

3 农民选择不同流转平台的博弈分析

本着有利于维护农民流转土地长期利益的目的,不少地区政府搭建公益性有偿流转平台。本章主要目的是揭示农村土地流转不同平台功能与作用的内在机理,证实政府主导型土地流转平台能够更好地保护农民保护流转土地的权益,优于农户自发的各类平台。为此,本章以理论指导实践,构建利益相关者的非合作博弈分析模型,将农户实现有偿流转的途径划分为两大类,即农户自由型流转平台和政府主导型流转平台,通过博弈模型,深入分析农地产权流转平台及机制的作用机理。

3.1 不同平台的非合作博弈模型构建

一旦土地制度固定不变,农地流转不同参与主体的利益比消此涨,是一种非合作的动态博弈,达到均衡状态是长期动态博弈的过程;当土地制度处于完善提上的不断完善过程中,可使各方利益趋向于合作共赢的新格局,出现合作博弈,形成帕累托改进。本节主要为揭示不同退地平台的作用机理以及对农户土地收益的影响,在农用地"三权分置"制度前提下,构建了农户流转平台的一个非合作博弈模型,考察不同平台作用机理及对农户的影响。

1. 博弈者

(1) 政府主导型流转平台。称为政府模式(governmental agency,GAG),主要包括村组集体搭建的流转平台和村组集体与企业联合搭建的流转平台。通过政府主导型流转平台接收农户流转的土地,给予一定合理的补偿,再将土地出租给需求者。

(2) 农户自由型流转平台。称为私人平台(Private agency,PAG),主要包括农户通过中介或土地合作社等流转土地和农户直接退给经营大户。农户直接将土地退给需求者。

无论是政府平台还是私人平台,都是农地流转的媒介。根据农地流转平台发挥作用基本原理,对非合作博弈模型进行基本假设:

一是农户出于经济利益考虑流转农地,土地情节等非经济因素不予考虑;

二是农户都是通过一定模式实现退地行为,不存在农户直接退地行为;

三是自由型流转平台经营者都会从农户退地行为中获得一定收益,是盈利性机构,农户可能会付出一定的"显成本"或"隐成本",长期成本或短期成本。

(3) 一位已举家进城已实现农业转移人口的"农民",记为农户$_1$。

(4) 一位常年在城市生活和就业的农民,记为农户$_2$。

(5) 一位基本在农村从事农业经营的农民,记为农户$_3$。

并进一步界定,这三位农民分别拥有不同禀赋土地的承包权。农地对于农户而言,存在机会成本,并且因农地资源禀赋不同机会成本也不同,对前面构建模型进一步假定:

一是不同土地因资源禀赋不同,退地的机会成本不同;

二是农户中性风险倾向;

三是每个农户流出 1 单位或 0 单位农地。农户拥有土地的机会成本不同,对应的产出效率不同。

2. 选择

设定制定土地流转价格是平台组织,即政府主导型退地平台和农户自由型退地平台,同一地区的各平台只对一种类型土地制定一个价格。

p_{jb}^{eg} 系组织形式为 g 的平台 e 向农户 j 接收(b)农地所支付的地价,其中 $e=1,2$ 分别指模式 1 和模式 2;g 为两类平台,j 为三类农户。

类似地,p_{js}^{eg} 系组织形式为 g 的平台 e 向土地需求者(s)出租土地 j 时所获取的地价,其中 s 指平台组织向农地需求者出租土地行为,e、g、j 的含义与 p_{jb}^{eg} 中相同。

q_j^{eg}:农民流转土地的数量,如果农民实际退地,则农地数量 $q_j^{eg}=1$,除此之外 $q_j^{eg}=0$,其中$=1,2,g=\text{GAG},\text{PAG},j=1,2,3$。

3. 所得

将通过出租土地所得收益减去支付给农户退地费用后的剩余,作为平台的所得。组织形式为 g 的平台所得为:

$$\prod{}^{eg} = \sum_{j=1}^{3} q_j^{eg} p_{js}^{eg} - \sum_{j=1}^{3} q_j^{eg} p_{jb}^{eg} = \sum_{j=1}^{3} q_j^{eg} (p_{js}^{eg} - p_{jb}^{eg}) \quad (3.1)$$

政府主导型退地平台 GAG,完全是公益性质,不追逐任何利益。

对平台 GAG 而言,$p_b^G \equiv p_{jb}^G$,其中 $j=1,2,3$。每一社员所得为:

$$p_b^{eG} = \sum_{j=1}^{3} q_j^{eG} p_{js}^{eG} / \sum_{j=1}^{3} q_j^{eG} \quad (3.2)$$

农户 j 退地收入 $p_{jb}^{eP}(p_b^G)$。农户 j 的所得可表示为:

$$F_j = \sum_e \sum_g q_j^{eg}(p_{jb}^{eg} - c_j) \qquad (3.3)$$

若 $F_j \leqslant 0$，农户将选择放弃流转土地，即 $q_j^{eg} = 0$

4. 信息结构

博弈模型是在完全信息条件下实现的，无论是土地流转的收益、退地面积、出租土地信息等，都是公开透明的。这样，作为理性人的农户，依据公开信息进行决策。

5. 决策次序

依据退地过程，确定博弈顺序。设定平台先进行接收土地定价，再由农户进行决策。农户有三种决定，即流转土地、不流转土地和选择退地平台。农户以获取最大退地收益为决策依据，选择这三种方式。

6. 博弈策略树

根据上述要素的博弈模型，以 GAG-PAG 混合市场为例，该子博弈策略树可描述如图 3.1。

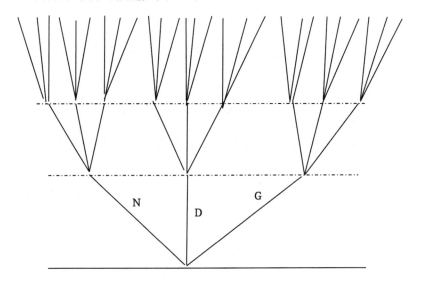

图 3.1　在 GAG-PAG 混合市场环境的决策树

就农民而言,有退地和不退地两种选择的权利,如果退地又可以通过政府型平台退地,也可以通过自主型平台退地,就是说农民最多有三种行为,分别用 N、G 和 P 来简化代表。

在策略树的每一个节点上,都可以有三种发展方向,形成三条树权。决策树的底端为初始状态,农民第一次选择;决策树的上部为持续博弈过程,代表着选择后的不同收益。

3.2 基于不同市场结构农地流转的非合作博弈模拟

针对上述博弈模型分析,为阐述退地平台的作用机理,通过给出一个具体数据运算,分别对不同的市场环境下进行分析,进一步通过对比不同的博弈结论,分析政府型平台对农户退地权益保障的促进作用。为简化模型推导过程,进一步假定:

(1)不同土地流转的机会成本与土地资源禀赋、产出率、区位优势密切相关,进一步设定机会成本从小到大依次,$c_1 = 0$,$c_2 = 1$,$c_3 = 2$;

(2)R_j 是对农地 j 的保留租金,依据机会成本不同,$c_1 = 0$,$c_2 = 1$,$c_3 = 2$,土地需求者保留租金分别为:$R_1 = 1$,$R_2 = 3$,$R_3 = 6$;

(3)PAG 利润为 σ,而 GAG 不赚取任何利润,因低禀赋土地的需求保留价格为 1,因而 PAG 最高可能制定的出租价格为 1,为保证 PAG 具有出租所有农地的可能性,令 $0 < \sigma < 1$。

3.2.1 PAG 市场中的农户收益分析

自由市场环境下,所有退地平台都是平等竞争的关系,竞争途径是通过价格,具体是提高接收土地价格,降低出租土地价格。竞争的结果是两者价格、收益均下降,直到不存在谈判的利润,则停止竞争,两家合并为一家。

显然,两类平台的一致行动及定价一致,就形成了这个结果。该子博弈的均衡是一个混合战略均衡,农户对两家 PAG 的选择不存在偏好。各博弈者的决策和所得如表 3.1 和表 3.2 所示。

表 3.1　纯 PAG 市场下博弈均衡

	p_{jb}^{1P}	p_{js}^{1P}	p_{jb}^{2P}	p_{js}^{2P}	q_j^{1P}	q_j^{2P}
1	$1-\sigma$	1	$1-\sigma$	1	0.5	0.5
2	$3-\sigma$	3	$3-\sigma$	3	0.5	0.5
3	$6-\sigma$	6	$6-\sigma$	6	0.5	0.5

表 3.2　纯 PAG 市场下所得利益

	所　得	总剩余
中　介	$\Pi^{1P}=3\sigma/2, \Pi^{2P}=3\sigma/2$	3σ
农　户	$F_1=1-\sigma, F_2=2-\sigma, F_3=4-\sigma$	$7-3\sigma$
总剩余		7

从表 3.1 和表 3.2 中可得,由于 $0<\sigma<1$,农户收益较大($7-3\sigma$),这种现实中农民从事农业生产获利较小有出入,结果不具备现实性。也就是说,这种博弈是不稳定的。

显然,上述仅仅是博弈的一个缩影,是持续不断的过程。也就是说,要通过市场多次谈判,多次博弈后才能达到博弈均衡。在完全信息市场环境中,通过多次博弈后进入完全垄断市场,只有一家 PAG。

这样的结果就是,PAG 必然是按退地的机会成本定价。博弈均衡如表 3.3 所示,博弈所得如表 3.4 所示。

表 3.3 博弈均衡:PAG 完全垄断

j	p_{jb}^{1P}	p_{js}^{1P}	p_{j}^{1P}
1	ε	1	1
2	$1+\varepsilon$	3	1
3	$2+\varepsilon$	6	1

注:$\varepsilon \rightarrow 0^{+}$

表 3.4 博弈所得:PAG 完全垄断

	所 得	总剩余
中 介	$\prod^{P}=7-3\varepsilon$	$7-3\varepsilon$
农 户	$F_1=\varepsilon, F_2=\varepsilon, F_3=\varepsilon$	3ε
总剩余		7

3.2.2 GAG-PAG 混合市场中的农户收益分析

在同时存在 GAG、PAG 的情况下,即混合市场环境下,两者土地价格函数为 $p_s^{1P}=(1,3,6)$,$p_s^{2G}=(1,3,6)$,期初各自进行定价。

对于拥有不同资源禀赋的退地农民而言,PAG 定价为 $p_b^{1P}=(1-\sigma, 3-\sigma, 6-\sigma)$。若政府型平台 GAG 想要吸引所有三个农户,则必须使 GAG 对每一农户支付的价格都高于 PAG 所支付的价格。

GAG 在土地需求市场中所得到的土地总收益为 10,按照平均定价原则,GAG 对每一农户所支付价格为 10/3。因 $\sigma<1$,显然 $6-\sigma>10/3$,PAG 能够轻而易举地吸引了高质量农户[3]。

若 GAG 为接收农户$_1$和农户$_2$的土地,就要比 PAG 支付的高。

GAG 流出农地 1 和农地 2,得到总利润 4,则 GAG 对农户$_1$和农户$_2$所支付的价格分别为 2。PAG 所能支付三个农户的最高价格同为:

$$p_b^{1P} = (1-\sigma, 3-\sigma, 6-\sigma)$$

因 $\sigma < 1$,显然 $3-\sigma > 2$,农户$_2$最终选择了 PAG,只有农户$_1$通过 GAG 退地。

这样情况下,鉴于 GAG 仅对农户$_1$有吸引力,PAG 定价改为 $p_b^{1P} = (1-\sigma, 2+\varepsilon, 10/3+\varepsilon)$($\varepsilon$ 为无限接近于 0 的正数)。进一步,一旦确定农户$_2$、农户$_3$也选择了 PAG,PAG 定价又改为 $p_b^{1P} = (2+\varepsilon, 10/3+\varepsilon)$,也就是在 GAG 收益的基础加上一个很小的利润,博弈的结果如表 3.5、表 3.6 所示。

表 3.5　混合市场博弈均衡

j	p_{jb}^{1P}	p_{js}^{1P}	p_b^{2G}	p_s^{2G}	q_j^{1P}	q_j^{2G}
1	$1-\sigma$	1	1	1	0	1
2	$2+\varepsilon$	3	1	3	1	0
3	$10/3+\varepsilon$	6	1	6	1	0

表 3.6　混合市场博弈所得

	所　得	总剩余
中　介	$\Pi^{1f} = 11/3 - 2\varepsilon, \Pi^{2c} = 0$	$\Pi^{1f} = 11/3 - 2\varepsilon$
农　户	$F_1 = 1, F_2 = 1+\varepsilon, F_3 = 4/3+\varepsilon$	$10/3 + 2\varepsilon$
总剩余		7

通过"搭便车",农户$_1$分享了农户$_2$、农户$_3$的退地收益,进而导

致农户$_2$、农户$_3$选择 PAG。

比较后易得,混合市场结构中农户收益较大,增加了($10/3-\varepsilon$)。实证分析的结果,政府搭建的公益性退地平台对于保障农户利益具有良好功能和作用。

3.2.3 GAG市场中的农户收益分析

市场环境下信息是公开的,市场机制会自动形成一个均衡的市场价格和交易量。在纯 GAG 市场市场环境下,两家土地流转平台具有可替代性,接收土地和出租土地价格也会达到一致;农户$_1$、农户$_2$通过"搭便车"分享到农户$_3$退地收益。

这种情况下的决策和所得见表 3.7、表 3.8。

表 3.7　纯 GAG 市场博弈均衡

j	p_{jb}^{1G}	p_{js}^{1G}	p_{jb}^{2G}	p_{js}^{2G}	q_j^{1G}	q_j^{2G}
1	3.33	1	3.33	1	0.5	0.5
2	3.33	3	3.33	3	0.5	0.5
3	3.33	6	3.33	6	0.5	0.5

表 3.8　纯 GAG 市场博弈所得

	所　得	总剩余
中　介	$\Pi^{1c}=0,\Pi^{2c}=0$	0
农　户	$F_1=10/3,F_2=7/3,F_3=4/3$	7
总剩余		7

通过上述分析,在 PAG 市场中,博弈会不断持续,直到市场演变为完全 PAG 市场,依据成本加机会成本进行定价;在 GAG

市场中,会降低拥有高收益土地承包权的农户退地积极性,难以实现土地资源要素的优化配置。从长远来看,将出现两种不利结果,一是拥有高资源禀赋的退地农户以其他方式流转土地,放弃GAG,形成 GAG-PAG 混合市场结构;二是继续闲置土地,不响应的政府鼓励农地流转政策。

3.2.4　三种市场结构下的农户收益比较

上述关于不同市场结构下的情况分析,综合起来易得不同流转平台对农户的收益影响,进而揭示了政府型流转平台的作用机理(如表 3.9 所示)。

表 3.9　不同市场结构中博弈者所得对比表

	PAG	GAG
PAG	$\prod^p = 7 - 3\varepsilon$	$\prod^p = 11/3 - 2\varepsilon$
	$F_1 = \varepsilon$	$F_1 = 1$
	$F_2 = \varepsilon$	$F_2 = 1 + \varepsilon$
	$F_3 = \varepsilon$	$F_2 = 4/3 + \varepsilon$
GAG	$\prod^p = 11/3 - 2\varepsilon$	$F_1 = 10/3$
	$F_1 = 1$	$F_2 = 7/3$
	$F_2 = 1 + \varepsilon$	$F_2 = 4/3$
	$F_3 = 4/3 + \varepsilon$	

根据表 3.9 所显示,可以得到以下几点结论:

(1)在纯 PAG 市场中,处于完全垄断地位的流转平台,经过多次博弈竞争,PAG 占据绝大部分的退地收益,所获得收益为$(7 - 3\varepsilon)$;与此相反,农户则处于绝对弱势的地位,获得退地收益仅为(3ε)。但是,以公益性为目的 GAG 的出现,迫使 PAG 不得不改变价格战略,缩小了 PAG 部分利润空间,最后 PAG 利润降为 $(10/3-\varepsilon)$,农户收益上升为 $(10/3-\varepsilon)$。

(2) 在 GAG-PAG 混合市场中,不同功能的两类平台同时存在,各自吸引着不同的农户。具体就是拥有高产出土地的农户$_2$和农户$_3$通过 PAG 流转农地,农户$_3$通过 GAG 流转农地。

(3) 在纯 GAG 市场中,GAG 平台自身不因盈利为目的,就将退地收益返回农户,退地农户总收益达到最大化,但所得并不合理,挫伤了拥有高产出土地农户的积极性,不是一个资源有效配置和稳定的市场,依然难以实现土地资源帕累托状态。

3.3　农地流转非合作博弈的结论与启示

3.3.1　主要结论

在不同市场环境下,性质不同的两类土地流转平台对农户退地所获得的收益和影响是不同的,对不同土地资源配置效应也是不同的。比较分析表明,政府型农地流转平台对于稳定土地市场具有重要的作用,能够较好地保障拥有中低产出土地退地农户的利益,但挫伤了拥有高收益土地退地农户的利益。同时,两类平台混合存在的市场结构具有较好的稳定性,现实中两种平台将长期同时存在。深入分析这种混合型土地流转平台状况,提炼一般条件和要求,首要完善政府型流转平台及机制,其次是规范、引导农民自由型平台,并尽量纳入前者。

分析证实,混合市场结构稳定性较好,此时选择 GAG 的是农户$_1$,而选择 PAG 的是农户$_2$农户$_3$,不同农户都选择了自己理想的流转平台,都实现自己应得到的流转农地补偿。采取逆向推演博弈策略选择过程(如图 3.2,图中虚线即为混合市场下的决策)。

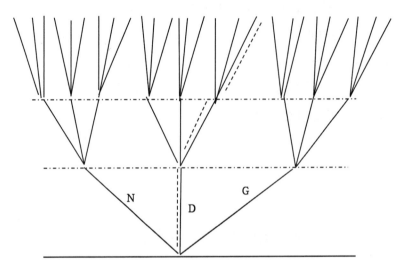

图 3.2 GAG-PAG 混合市场中博弈策略

分析 GAG-PAG 混合市场下的纳什均衡,得出:

结论 1:GAG 因自身公益性的定价,将所得收益平均返还给参与退地农户。这样必然造成低资源禀赋农户获得多于自身本应得到的收益,这部分收益来自具有产出土地承包经营权的农户。

结论 2:GAG 在市场中能够打破 PAG 垄断局面,使整个市场的土地流转价格得以提高,不仅提高了选择平台农户的收益,也提高了其他退地农户的收益,显示了政府公益性平台积极的功能和作用。

结论 3:GAG 采取一个区(市)县定制一个流转价格的做法,将产生两方面的消极后果。一是资源难以合理优化配置。拥有不同资源禀赋土地使用权的农户收益不同,就是说,低资源禀赋的农户通过选择政府主导型退地获得多于自身应得到的收益,而高资源禀赋的农户通过选择政府主导型退地获得少于自身应得到的收益。GAG 平台在提高低资源禀赋农户积极的同时抑制了高资源禀赋农户的积极性。二是降低市场竞争,只能使低产出效率的农户选择政府型公益平台,高产出率的农户放弃政府型公益平台。

3.3.2 几点启示

农户参与不同流转平台非合作博弈模型分析结论表明,构建公益性的政府主导型流转平台参与市场博弈,不仅为流转土地农户赢取较高补偿收益,还能迫使私人流转平台制定较高的接收价格,从而打破私人流转平台垄断局面;模型也表明,混合市场结构稳定性较好,既有政府主导型退地平台,也有农户私下自由退地平台。同时也说明了政府主导型流转平台存在局限性,即存在搭便车现象。进而说明了,只有私下自由流转平台和政府型平台同时存在的混合结构,才是稳定的。

这些结论与实际调研中集中反映的问题基本是一致的。具体来说,一是先行地区所探索的流转平台及机制是符合未来发展的方向,应通过理论指导和政策支持,尽快提炼出一般条件和要求,从理论高度对实践进行指导,提出合理化的政策建议;二是政府主导型流转平台本身制度尚不完善,存在土地制度创新的路径,一方面积极完善平台及制度建设,另一面要积极争取国家给予更大的支持,给予地方改革模拟的合法化依靠;三是要规范农村转移人口自由型流转平台及机制,减少对农民未来土地权益可能的损害,应通过优惠政策,引入到政府主导型流转平台中来。完善政府主导型流转平台及机制,提高农户选择政府主导型流转平台的积极性,选择能够使所有农户利益最大化的土地治理策略为重点。

4 农民选择不同流转平台的影响因素

4.1 样本选取与数据采集

（一）样本区域与人群

依据研究目的和研究思路,结合课题组实施调研的便利性和数据的可得性等考虑,本研究样本为三个区域。一个区域是杭州市域的农业转移人口,代表着吸纳农业专业人口相对集中的经济发达地区,并将农业转移人口分为两类,即已举家进城的农业专业人口和常年在杭州生活和就业的农业专业人口。一个区域是淮北市杜集区古饶镇,代表着中部地区传统农业区域,选取常年在农村生活和从事农业活动的留守人员,其中又分为中青年(主要是妇女)和老人(60岁随以上)。一个区域是重庆市梁平县大观镇,代表着西部地区传统农业区域,选取常年在农村生活和从事农业活动的留守人员,其中又分为中青年(主要是妇女)和老人(60岁随以上)。

上述的调研对象,从样本流向来看,明显分为"外出"与"留守"两大类。杭州地区为外出的农民工,其他两个地区对象都是留守在农村的人群。

（二）问卷设计

依据调研人群的划分,本研究的调查问卷设计有三种,分别标识为 A 字、B 字、C 字,其中,A 字问卷针对举家在杭州生活和就业的农业转移人口,B 字问卷针对常年在杭州生活和就业的农业转移人口,但有家人依然在农村生活和从事农业生产活动的农业转移人口,C 字问卷针对梁平县大观镇和杜集区古饶镇的留守人口或在主要在农村从事农业生产活动的人口。

每份问卷共由三部分组成,第一部分为本问卷的调研概括、问卷说明和填写提示等,用于捕捉农户基本特征方面的信息,帮助被访者完成问卷;第二部分是退地平台对农户的影响,包括农户选择什么平台,选择平台的原因、流转平台情况及存在困难等;第三部分是让农户自由发挥,征求农户自己对一些问题看法,"进一步完善土地流转平台和制度建设,政府最应该做什么"等。

A 字、B 字、C 字三类问卷主要区别是第一部分,因考虑到不同人群的接受能力和心理,做了一定的区分。

（三）调研实施与数据收集

问卷实施与数据收集工作分为两个阶段。

第一阶段在课题研究过程中,构建了模型并进行了试调研,完善模型、修订指标,具体进行了 4 次调研活动。这一阶段的所有问卷,都是研究人员亲自进行,三个区域共进行了 300 份试调研,合格率 100%。

第一次是 2014 年 1 月的寒假期间,基于课题组所在的周边农村,就近选取了杜集区古饶镇的留守人口或在主要在农村从事农业生产活动的人口,采取入户访谈的方式,进行一对一的问卷调查,进行了 50 份有效问卷调查。

第二次是 2014 年 7 月的暑假期间,课题组负责人与长期合作的重庆文理学院经济管理学院相关项目研究的负责人联合,组成调研组,赴重庆市梁平县进行了田野调研和访谈,进行了 50 份有效问卷调查。

第三次是 2015 年 1 月的寒假期间,课题组负责人在浙江大学管理学院访学,利用参与浙江大学中国农村发展研究院(CARD)的相关课题研究的时机,在杭州市建筑企业管理站的帮助下,课题组对建筑企业外来农业转移人口进行了问卷调查,选取了 10 家杭州建筑企业,每个企业进行 20 份问卷,A 字、B 字问卷各 10 份,采取在企业会议室集中填写问卷的方式,进行了 200 份有效问卷调查。

第四次是 2015 年 10 月,课题组负责人参与浙江大学中国农村发展研究院(CARD)赴嘉兴市姚庄镇进行农民流转土地改革的实地调研,获得了直接的第一手资料。

表 4.1 第一阶段 4 次调研的样本点分布表

区(市)县	乡 镇	问 卷
烈山区	古饶镇	C 问卷 50 份
梁平县	大观镇	C 问卷 50 份
杭州市	10 家建筑企业	A 字、B 字问卷各 100 份
合 计	A 字、B 字和 C 字问卷各 100 份,共 300 份	

服务于本研究目的,同时便于统计分析和随后计量模型应用分析,将问卷和访谈材料以两大类平台进行分类,分别进行统计分析和实证研究。

第二阶段在完善课题研究报告过程中,在第一阶段建立研究基地和积累了经验的基础上,扩大样本数量,验证前提假设和基本结论,尤其根据外审专家对研究报告初稿的修改建议,作为前期调研数据的完善和补充,同时也是为时隔两年后的调研回访和验证,

2018 年 1—2 月寒假期间,课题组成立了以实习学生为主体的调研对,对第一阶段的样本地区实施了大规模调研。

相对于第一阶段以研究人员亲力亲为的调研,第二阶段的调研是学生在老师指导下田野式较大规模的问卷调查。本阶段调研采取有赏问答的方式,补偿调研问卷的误工费,回答一份问卷补偿 20 元。共计进行了 2500 份问卷,收回有效问卷 2417 份,合格率为 97.5%,又剔除字迹修改的部分问卷,采用了 2400 份问卷。

与第一阶段 4 次问卷合并后,使用两个阶段 5 次调研问卷合计为 2700 份。就是说,定量模式分析中的样本量为 2700。

4.2　描述性统计与初步分析

4.2.1　描述性特征

（一）农户个体的基本特征

选择两类流转平台的样本农户,男性占据 65% 以上。这可能原因在于两方面,一是农业转移人口中男性居多,二是问卷调查中在杭州的被访者属于建筑类就业,男性居多;若选择餐饮服务类企业,女性农业转移人口居多。

表 4.2　调查农户的特征

指标类型	退出类型	选　项	比重(%)
性别	平台 G	女　性	48
		男　性	52
	平台 P	女　性	63
		男　性	37

从非农收入来看,以非农业收入为主农户的年收入是以农业收入为农户的 4—5 倍。从农户文化程度及教育年限来看,EDU1 代表具有高等以上文化程度,EDU2 代表具有中等以上文化程度,EDU3 代表九年义务教育及以下。具体说,样本总量中,有 3% 的农户具有高等以上文化程度,有 20% 的农户具有中等以上文化程度。进一步比较发现,选择政府主导型退地平台退地农户的文化程度及教育年限普遍高于选择自由型退地平台的农户,具体来看,选择政府主导型退地平台退地 19% 的农户具有高等以上文化程度,而选择自由型退地平台的农户为 0;选择政府主导型退地平台退地 27% 的农户属于九年义务教育及以下 27%,而选择自由型退地平台的农户为 39%。

表 4.3　样本农户的文化程度及教育年限

平台类型	选　项	比重(%)
平台 G	EDU3	27
平台 G	EDU2	54
平台 G	EDU1	19
平台 P	EDU3	39
平台 P	EDU2	61
平台 P	EDU1	0

数据来源:问卷调查统计所得

（二）农户选择行为的基本特征

从流转路径来看,2700 份问卷中有 69% 农户选择了自由型流转平台,13% 的农户选择了农户直接的自由流转平台,两项合计约占流转总量的 82%;12% 的农户选择村集体流转平台,6% 的农户选择村组与企业联合流转平台,两项合计约为 18%。

上述情况说明几个问题:一是农户不乐意选择政府主导型流

转平台,而是通过自由平台退地;二是选择政府型平台退的,主要是在基层政府主导下进行的;三是现实中农户选择政府主导型的比例远低于预期,可能的原因在于农户对进一步改革持观望态度,对基层政权缺乏应有的信任。

表4.4　退出平台选择的特征

退出种类	具体退出平台	比重(%)
平台P	农户间接退出	69
	农户直接退出	13
平台G	村组退出平台	12
	村企退出平台	6

数据来源:问卷调查统计所得

4.2.2　影响因素的描述性特征

基于不同目的而为之,影响农户选择的因素不尽相同。选择农户自由型流转平台的归纳起来有以下几点考虑:

一是顾虑土地被政府无偿收回者较多。超过65%的被访农户表示,一旦退给村组集体,就难以要回补偿。尤其已举家进城的农业转移人口,坚信集体会以自己已不再是其成员,已变成城里人为理由,不再享受土地承包权,也就不应得到补偿。

二是农户自由流转平台操作起来简易方便。原因可能在于当前村组服务平台体系未能深入农户,补偿标准不明确,不能平等地进行流转谈判。另外,根据调查,政府型平台对农户要求确实过多,如要提供土地承包证等,有的地方还需要证明农户一时难于办理。

选择政府主导型流转平台的农户主要基于以下几点考虑:

一是村组代表政府,不会毁约赖账,补偿资金安全有保障。绝大部分受访者认为,选择正规平台流转土地可以获得补偿资金。这也是村组基层集体组织构建土地流转平台体系的初衷。

二是获得基层政府支持。有36％的农户认为,从政府手中承包土地,再退给政府,是良好农民形象,可获得城市政府的信任,同时也获得正常的补偿,有利于自身举家搬迁落户城市。产生这种认知的原因可能在于,迁出地村组代表政府,迁入地城市给予基本社会保障等市民待遇也属于政府,都属于个国家的政府,有保障。

三是部分农户选择了被迫所为。根据调研分析,约有三分之二的农业企业、百分之二十的农户是被动地选择了农户自由型退地平台。一些地方基层政府出于对耕地保护和利用管制等考虑,明确要求退地只能退给原集体,不能私下退地,其理由是承包地原来就是村组集体所有,退还给原来集体是天经地义之事,也是对留在集体内农户土地利益的保障。

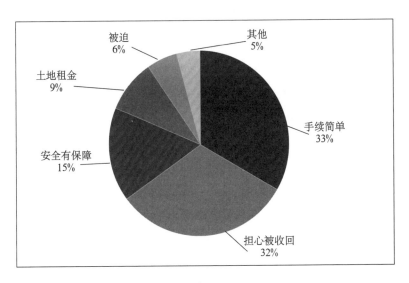

图 4.1　选择平台 P 的各类影响因素

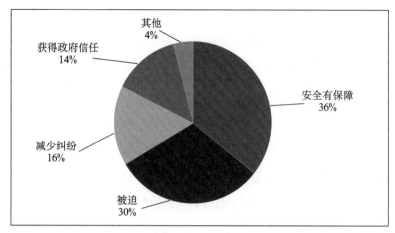

图 4.2 选择平台 G 的各类影响因素

数据来源：问卷调查统计所得

4.3 研究假设与变量选择

新制度经济学理论认为，现实世界中的人具有有限获取和处理信息的能力，即有限理性社会人假定，在"有限理性"下进行的是"满意决策"。对于退地农民而言，通过退地实现二个需求：一是获得物质财富，退地补偿；二是通过退地行为获得社会认可和尊重。同时，由于农户的"有限理性"，农户更多地选择退地过程中的显成本、流转手续便利等，加上对政府没有足够的信任，往往选择农户自由型流转平台。

4.3.1 研究假设

综合已有关于农户行为影响因素的文献，一般包括了被调查者的个人与家庭特征等。具体假设如下：

（1）身份特征。农户有几种类型，有举家进城农业转移人口、长期在城市生活和就业的农业转移人口以及基本上在农村从事农业生产的留守人口。留守农户由于教育、社交、经济状况等个性原因制约，选择自由型平台流转土地；举家进城农业转移人口、长期在城市生活和就业的农业转移人口，具有较高文化素质和较好的经济条件，社交能力较强，熟悉政府主导型和农户自由型流转服务平台体系，选择政府主导型平台流转土地。

（2）文化程度及教育年限。农户对流转平台的选择"理性"与其所受的教育程度及教育年限有密切关系，呈现一致性发展趋势。具有较高文化程度及教育年限农户的理性较强，选择政府主导型退地服务平台。

（3）非农收入比重。一般来说，非农收入比重越高，更有可能选择正规途径流转；反之，农户困于生计，则更有可能选择自由型平台流转。

（4）对服务平台认知程度。农户选择退地平台直接与其对平台认知有正相关关系。并且，农户自身认知能力越强，选择政府主导型退地平台比例俞高。

另外，根据一般研究结论，进一步作如下假设：

（1）流转的政策鼓励性。一些地方给予特定流转农户政策倾斜，如优惠融资、直接补贴等，建立多方有保障的补偿资金。

（2）不同地方的经济发展水平。作为理性经济人的农户，流转的最大目的是获得土地合理补偿资金。而补偿价格主要受接收土地需求者经营土地收益大小。土地需求者的收益又直接受所在区域经济发展水平的影响，只有经济发展才能给予流转农户较高补偿。

（3）收入水平。经济发展水平提升，农业剩余人口进城的非农就业机会增多,提高非农收入,诱使农民流转土地,并更愿意与政府合作。

(4)土地流转面积。从统计的结果来看,流转面积的大小与选择退地平台类型有关,大规模土地流转往往选择政府型平台流转,小规模土地流转往往选择自由型平台流转。

(5)流转服务平台服务功能与运行状况。退地平台自身状况与农户选择的类型有关系,越是服务功能完善,就需要规范更多的要求,甚至退地合同。两类平台相比,政府主导型平台出于规范运作,流转要件多,反而影响了农户选择积极性。

(6)是否有配套服务。农户选择流转平台类型还与平台是否有相应的完善配套服务有关,农户会选择具有如担保、支农优惠贷款等服务功能的平台。反之,选择自由途径流转。

(7)流转契约规范性。契约规范性长期无疑会降低农地流转风险,确保农户的长期利益,但短期内又对农户形成制约。但是农户由于受长期小农经济影响,农户选择往往会受短期利益影响。

4.3.2 解释变量的选取与设置

综合文献研究,影响农户行为的因素较复杂,主要影响因素可以归纳为经济、制度、户主特征及土地资源禀赋等,这些变量测度指标在本研究结论是一致的。依据本研究的目的,样本点选取在改革效果较好的改革先行区,不考虑样本区域差异和土地产权稳定性的影响。

针对不同类型的自变量,与类似研究中的处理方式一样,连续变量直接录入,分类变量生成虚拟变量。变量类型有两种,其中,a代表虚拟变量,b代表连续变量(如表4.5、表4.6所示)。

表 4.5 解释变量定义

变量名称	测量方法
政策激励(X_1)	1＝激励政策；0＝没有
契约规范(X_2)	1＝退地合同；0＝没合同
身份特征(X_3)	农户＝1；其他＝0
文化程度(X_4)	受教育年限
职业类型(X_5)	务农或以农为主＝1；其他＝0
非农收入(X_6)	非农收入/总收入
非农就业(X_7)	非农就业比重(％)
经济水平(X_8)	人均 GDP
认知程度(X_9)	熟悉＝1；不熟悉＝0
退出面积(X_{10})	亩
平台服务(X_{11})	服务良好＝1；欠缺＝0
配套服务(X_{12})	有＝1；没有＝0

表 4.6 解释变量统计值

自变量	平台 G		平台 P		总样本	
	均值	标准差	均值	标准差	均值	标准差
X_1	0.93	0.13	0.23	0.48	0.88	0.29
X_2	0.07	0.34	0.31	0.47	0.22	0.53
X_3	0.49	0.5	0.52	0.5	0.38	0.48
X_4	2.52	1.06	2.39	0.88	2.52	1.07
X_5	0.59	0.49	0.63	0.48	0.6	0.49
X_6	0.9	0.14	0.62	0.31	0.74	0.28
X_7	0.65	0.21	0.66	0.34	0.65	0.2
X_8	0.78	0.22	0.61	0.26	0.75	0.23
X_9	0.94	0.23	0.62	0.31	0.89	0.3
X_{10}	4.39	5.19	5.45	7	4.23	5.12
X_{11}	6.73	11.86	7.02	6.82	5.29	7.93
X_{12}	0.29	0.24	0.24	0.2	0.3	0.27

对于解释变量对农地流转的影响,预计结论会呈现三种不同情况,即变化方向相同、变化方向相反和变化无关,为简单表示,文中分别用"＋"、"－"和"×"代替,下文均采用同样的方式(详见表 4.7)。

表 4.7　相关解释变量的预测结论与设置

自变量	平台 G	平台 P
X_1	＋	＋
X_2	－	＋
X_3	＋	－
X_4	＋	－
X_5	＋	＋
X_6	＋	－
X_7	＋	－
X_8	＋	－
X_9	＋	－
X_{10}	＋	－
X_{11}	＋	－
X_{12}	＋	＋

4.4　模型选择与构建

根据经验研究,早期用于表征通常设定为二值响应量(钱文荣,2003),通常将因变量 y 设定为"是否发生农地流转行为",用 y＝1、y＝0 分别表示流转农地和未流转农地两种情况,相应地用对数单位模型或线性概率模型来测度。

在探索"三权分置"下土地制度创新实践中,农户流转土地的意义发生了深刻的变化(王鹏,2010),伴随着影响因素也多元复杂,在分析应用工具的选取方面,相应地选取 *Probit* 模型、*Tobit* 模型、"双限制"*Tobit* 模型等三值影响变量。

因 Logistic 模型概率表达式显性,求解速度快、方便,得到广泛地应用,并由二元逻辑回归(Binary Logistic)分析演变为多元逻辑回归(Multinational Logistic)分析,变量选择明显增加。

根据研究目的,Logistic 模型因变量设为"政府型流转平台"或"农户自由型流转平台"。依据一般性研究特点,采用二元逻辑回归分析。

基于上述分析,构建农户选择农地流转平台,具体模型为,

$$Y_i = \alpha_i + \sum_j^n \beta_{ij} N_i + \sum_j^n \delta_{ij} H_j + \varepsilon_i$$

上述模型中,政府型流转平台和农户自由型平台用 i 表示,当 i=1 时,说明农民选择了政府型退地平台;当 i=2 时,说明农民选择了农户自由型平台。农户特征有关自变量用 H_j 表示,j=1、2、3…;非农产业有关自变量用 N_j,j=1、2、3…,常数估计项为 α_i,误差估计项为 ε_i。

4.5 计量模型估计结果及讨论

数据主要来自课题组几次调研数据的整理,个别缺失数据根据一般研究成果中的普遍做法进行完善。用 Logistic 回归模型处理,得到表 4.8 的结果。

表 4.8　Logistic 回归模型分析结果

自变量	平台 G			平台 P		
	B	Wald	Exp(B)	B	Wald	Exp(B)
X_1	0.265	1.406***	1.68	2.068	4.521**	0.022
X_2	−0.247	0.943	0.791	0.386	0.031	1.434
X_3	0.185	0.191	1.206	1.18	5.797**	3.254
X_4	−0.211	0.88	0.812	1.052	11.930***	2.861
X_5	1.009	3.196*	2.744	0.421	0.685	1.523
X_6	2.921	5.765**	18.57	−1.989	5.71**	0.134
X_7	0.391	0.209*	1.545	0.27	0.447*	1.681
X_8	0.917	1.561*	1.462	0.739	1.651**	1.759
X_9	1.021	2.171	2.777	20.068	0	5.194
X_{10}	0.041	0.203	1.037	0.171	4.696**	1.188
X_{11}	0.147	3.41**	1.158	0.007	0.019	1.007
X_{12}	0.405	0.246	1.501	−3.962	9.426***	0.021
常数	−5.429	10.122	0.004	−19.804	0	0
卡方(自由度)	62.363(14)			61.36(14)		
−2LL	153.018			141.828		
Cox & Snell	0.274			0.27		
Nagelkerke	0.409			0.417		

注:B 回归系数:***,**,*,分别代表在 1%,5%,10%的水平上显著

4.5.1　政府主导型流转平台的计量结果分析

从上表情况来看,与政府主导型流转平台呈正相关并且统计上显著有 6 个指标,即非农收入比例、户主职业类型、经济发展水平、非农就业水平、政策激励和服务平台功能与运行状况,这些指标是研究需要重点关注和分析的核心指标。与政府主导型流转平

台呈负相关有 2 个,即契约规范性(-0.247,0.943)、文化程度(-0.211,0.880),因统计上并不显著,暂不予讨论。

上述分析表明,影响农户选择政府主导型流转平台的因素有 4 个,即服务平台功能与运行状况、农户职业类型、经济发展水平和政策激励。具体来说,理性人农户会根据政府给予流转的鼓励政策,提高农地流转双方的预期收益和保障,直接增强了流转的积极性。经济发展水平是决定农户收入的根本条件,农民显然不再以土地的基本依靠,可以从事二三产业获得更高收益,自然增强流转的意愿;同时,只有经济发展水平较高的地区,才能促使农地的增值收益,增强农户大户、农业资本等新型农民对土地需求,形成土地需求市场。随着农户之间不断分化,产生多样化户主特征,甚至出现农民企业家、农民工匠等新型群体,这些新型群体流转土地意愿较强。

实证分析的结果与调研预期基本是一致的。前文所列的样本选取点以及综合案例的选择,都是在东部经济发达地区或大中城郊周边地区,农民虽然人均土地不多,但经济发达,土地极差地租较大,易于形成土地需求市场。这些地区多是农村改革的先行区,当地政府推动改革的积极性较高,相对制度也透明完善,有利于缓解基层社会矛盾。

4.5.2 农户自由流转模型的计量结果分析

从表 4.9 情况来看,与农户自由流转模型呈正相关并且统计上显著的因素有 5 个指标,进一步显著性大小来看,依次为文化程度(1.052,11.930***)、政策激励(2.068,4.521**)、身份特征(1.180,5.797**)、经济发展水平(0.739,1.651**)和流转面积

（0.171,4.696＊＊）。其中,非农收入比例（－1.989,5.71＊＊）、是否有配套服务（－3.962,9.426＊＊＊）统计上显著且呈负相关。

实证分析表明,能同时促进农户选择两类平台的因素是地区经济发展水平。但是身份特征、文化程度与农户自由型流转呈现显著的正相关关系,这与政府主导型流转模式具有明显的不同。从调研的情况来看,这与现实生活中是一致的,部分农业专业人口往往直接从事非农就业,与新型农业经营主体关系密切,更愿意直接将土地一次性将剩余承包年限,甚至长久退给相关主体。

上述实证分析的结果与调研预期基本是一致的。

4.5.3　估计结果与预期结果的比较分析

对于政府主导型流转模型,与实际结论相一致的预测变量有经济发展,不一致的有农户特征、农地流转面积。对于农户自由型流转模型,与实际结论相一致的预测变量有平台运行状况、户主类契约规范性,不一致的有农户家庭特征。估计结果与预期结果详见表4.9。

表 4.9　预测结论与实际结果比较

自变量	平台 G		平台 P	
	预测结论	实际结论	预测结论	实际结论
X_1	＋	＋	＋	＋
X_2	－	×	＋	×
X_3	＋	×	－	＋
X_4	＋	×	＋	＋
X_5	＋	＋	＋	×

（续表）

自变量	平台 G		平台 P	
	预测结论	实际结论	预测结论	实际结论
X_6	＋	＋	－	－
X_7	＋	＋	－	＋
X_8	＋	＋	－	＋
X_9	＋	＋	－	×
X_{10}	＋	×	＋	×
X_{11}	＋	＋	＋	×
X_{12}	＋	×	－	－

从计量模型检验的结果来看，非农产业的发展能促进农地流转。服务平台运行状况、户主职业类型、政策认知程度的实际结论，对户自由型流转平台不显著，与府主导型流转平台相一致。积极的政策激励在两类平台上均推进农民流转土地，而契约规范性变量都不显著，但是现实中，契约规范性有利于加强农地监管，有利于降低双方流转风险。

4.5.4 实证分析的启示

从调研访谈中，农民更偏向于私下自行流转（近五分之四）；进一步分析进入政府主导型流转平台的（近五分之一），多是乡镇政府行政主导推动，甚至是被迫或强制选择的。实证分析中，同样证实了调研结论。由于参考样本点仅仅就淮北市杜集区古饶镇、重庆市梁平县大观镇、嘉兴市姚庄镇等进行了调研，仅对杭州市建筑企业外来农业转移人口进行了问卷调查，只能说明样本区的情况，很难说明农业转移人口流转的整个情况。尽管如此，样本点选取具有一定的代表性，初步统计分析结果与预期基本是一致的。

实证分析与实际调研预期基本是一致的,为进一步完善农业转移人口有偿退地平台及机制建设带来几点启发:一是推进城乡一体化发展能够增加农业转移人口有偿退地的积极性,要大力推进农业转移人口区域的城乡统筹发展,大力发展农业二、三产业,推动第六产业发展;二是构建多方参与的流转补偿基金在内的鼓励政策,能够增加农业转移人口有偿退地的预期收益,提高退地的积极性;三是要规范政府主导型有偿退地平台及机制建设,并进一步提升农业转移人口的认知,提高农业转移人口通过政府主导型有偿退地平台选择的主动性;四是快速推进农业转移人口市民化改革,贯彻落实中央关于居住证制度、推进农业土地流转财政支持制度,使政策落地生根,降低农村转移人口市民化成本。

5 不同土地流转平台绩效的实证分析

选择不同评价标准好处于不同评价目的,都对于不同退地平台绩效评价的结果产生不一样的判断。为简单进行比较,本研究中以平台的社会效益和经济效益为角度进行比较。显然,土地资源的优化配置问题,涉及到生态效应,本研究将在最后一部分讨论中作以交代。本研究仍有前面的平台和农地划分为框架进行效益分析,有助于继续探讨"三权分置"下促进农户流转土地。

5.1 农地流转平台绩效评价指标体系的设计

绩效评价指标体系的选取是一个反复调整与修改的过程。一般来说,分三个步骤:首先,制定评价指标选取的基本原则,这需要根据不同的研究目的和研究对象确定;然后,确定具体度量的指标体系,关键是既能准确反映研究对象,又具有现实可得性;最后,对所选取的指标进行信度和效度的检验。

5.1.1 评价指标选取的基本原则

一是相关性原则。要求所选测度指标要仅仅围绕研究目标确定,真实地反映目标变化情况。具体来说,就要选择与农户有偿退地最直接的测度变量。

二是可操作性原则,要求调研者在进行农业转移人口问卷和访谈中,以及在农村留守人员的问卷和访谈中,能够记录和统计上来的数据资料。由于研究主体的不确定性和数据非连续性等原因,可操作性至关重要。

三是代表性原则,一方面要求调研对象,既样本的选取具有代表性;另一方面,要求数据取得要有代表性,能放映一般农业转移人口的真是情况。

四是全面性原则,尽量能够反映农地流转平台的各方面影响,涉及生活条件、市民化程度、农村生产和环境改善等,做到综合反映情况。

五是可比性原则,要求评价指标应具有普遍的适用性和一般性,为提高使用范围,便于横向与纵向的研究分析。

上述原则很重要,既要全面照顾,要综合平衡,同时也要灵活掌握,适度选取。即原则性与现实性的统一。

5.1.2 经济绩效评价指标的选择

依据经济发展理论,经济增长的源泉是资本(有形资本、无形资本)、劳动(劳动力数量的增加和劳动力质量的提高)与技术进步(资源配置的改善、规模经济、知识的进展),用经济增长函数表示即为:

$$Y_t = A_t f(L_t, K_t)$$

其中,L、K 分别为劳动和资本的投入,A 代表技术水平,一旦技术获得进步,即便投入要素不变,也会带着经济明显增长。推进农户流转土地,有利于完善"三权分置"下的土地制度创新,实现适度规模经营,提高土地资源的优化配置程度;有利于实现举家进城农户市民化,推动新型城镇化进城。因此,对于平台的效益评价,应侧重于农业经营现代化经营、土地利用效率、农民生活水平、市民化进城等,至关重要的影响。

在确定经济效益评价指标选取中,本研究借助国内研究中的常用指标,对照重庆市统筹城乡综合配套改革发展目标所列指标,进行了最终指标选择。农地流转的经济绩效评价指标有三个,即土地利用效率、农民收入增长和农业经营水平提升,分别用 A1、A2 和 A3 表示。

关于土地利用效率,用土地利用指数、土地产出、土地劳动力投入、土地自有资金投入、土地外部资金吸引来度量,分别用 A11、A12、A13、A14、A15 表示。

关于农民收入增长,用人均纯收入变化、人均纯收入目标实现、经营收入占总收入比重化来度量,分别用 A21、A22、A23 表示。

关于农业经营水平提升,用规模经营实现指数、单位农地机械使用率、单位农地科技投入变化来度量,分别用 A31、A32、A33 表示。

上述各指标测度的具体计算方法(详见附表2)。

5.1.3 社会绩效评价指标的选择

我国长期的土地功能,已远大于土地农业生产本身功能,具有社会稳定和社会保障的多种功能,尤其随着新型城镇化深入推进,对于农业转移人口而言,还具有财产性收益功能。显然,农地流转土地还具有显著的社会绩效,既影响着农村社会发展,也影响农业转移人口市民化。本研究侧重于探索流转土地促进农民市民化，将市民化程度和促进农村社会和谐发展等。

农地流转的社会绩效评价指标有两个，即农村社会发展、市民化程度提升两个指数，分别用 B1 和 B2 表示。

农村社会发展用农村基尼系数实现、农村恩格尔系数实现指数和农民有效就业时间变化指数来度量，分别用 B11、B12、B13 表示。

市民化程度提升用享受基本城市社会保障指数和享受城市工作技能培训指数来度量，分别用 B21、B22 表示。

上述各指标测度的具体计算方法（详见附表 2）。

5.1.4　绩效评价指标体系的检验

农地流转绩效评价指标体系确定后，其有效性和科学性要进行测度，既要满足信度检验，又要满足效度检验。

（一）信度检验

评价指标体系的信度是指对测量资料的尺度之稳定性、可靠性和预测性的测度，度量评价指标在观测中测量结果的可靠性程度，常用信度系数来表示信度大小。

$$\alpha = \left(\frac{N}{N-1}\right)\left|1 - \frac{\sum\limits_{i}^{N}\sigma_i^2}{\sigma^2}\right|$$

N 为指标层所包含的指标个数。显然，$Cronbach \cdot \alpha$ 信度系数大小与指标体系可信度的高低之间呈现正相关关系，就是说，信度系数大小直接代表着指标体系可信程度的高低。如表 5.1 所示。

表5.1　**信度高低与 *Cronbach · α* 信度系数对照表**

可信度	*Cronbach · α* 信度系数
不可信	$Cronbach · α < 0.3$
基本可信	$0.3 ≤ Cronbach · α < 0.4$
可信	$0.4 ≤ Cronbach · α < 0.5$
很可信（最常见）	$0.5 ≤ Cronbach · α < 0.7$
很可信（次常见）	$0.7 ≤ Cronbach · α < 0.9$
十分可信	$0.9 ≤ Cronbach · α < 1$

运算可得农地流转绩效评价指标体系的 *Cronbach · α* 信度系数，如表5.2。

表5.2　**指标体系的信度系数**

指标体系	N	$\sum_{i}^{N} \sigma_i^2$	σ^2	*Cronbach · α* 信度系数
经济指标	11	8013.12	17536.72	59.73%
社会指标	5	3051.31	5819.42	59.44%

上表中，经济效应信度系数为59.73%，社会绩效评价信度系数为59.44%。从分析结果来看，社会绩效评价系数和经济效应评价体系都通过了信度检验。

（二）效度检验

评价指标体系评价效果，即效度检验，一般用"内容效度比"来进行定量化，其检验的基本途径是通过咨询专家，对设置的指标进行判断，确定其效度大小。用数字大小来表示效度的高低，效度检验公式为：

$$C.V.R = \left(m - \frac{M}{2}\right) \bigg/ \left(\frac{M}{2}\right)$$

其中，M、m 分别表示所咨询的专家总人数和专家中认可指标的人数。

显然,C.V.R 的数值在[-1~1]之间。若 M=m 时,表示所咨询专家均认可,指标设置合理,此时 C.V.R=1;若 m=0 时,表示所咨询专家均不认可,指标设置不合理,此时 C.V.R=-1。

根据效度检测的要求,本研究向政府农业和农村政府部门负责人、高校农业经济管理专业教授等 5 位专家进行咨询,有杭州市委市政府农业和农村工作办公室秘书处、重庆市经济发展研究院、安徽省社科院、浙江大学中国农村发展研究和安徽大学经济与管理学院,其中均得到认可,即 C.V.R=1.0。

5.2 农地流转平台绩效评价指标权重的确定

5.2.1 确定绩效评价指标权重的方法选择

理论研究中,对权重的赋值,一般有两种通用的方式,即主管赋值法和客观赋值法。前者是通过网络层次分析完成,后者是客观熵值来放映。

(一) 主观赋值法

网络层次分析法是通过提高信息过程的可靠性减少预测错误,被广泛地应用于递阶层次因素集的权重确定。具体做法有五步构成:

第一步,构建网络结构。为判断各元素之间是否存在共线性问题,据此可构建出网络层次结构,上面部分为目标层,各目标彼此独立,不具有共线性,既有目标,也有决策准则;下半部分为网络层,由各元素形成一个网络结构,各元素由此形成了一定的相互作用和影响。

第二步,确定判断矩阵。在分析法中,用评分标度的含义是评分标度数值的大小,标度越大说明前者比后者越重要,评分标度为1说明两者同等重要,数值1—9,数值越大就说明前者越大于后者。

为进行层次分析运算,将上述评分标度大小与量元素之间关系用判断矩阵表示,构建层次分析的判断矩阵(见表5.3)。

表5.3　层次分析的判断矩阵

d_{jl}	$d_{i1}, d_{i2} \cdots, d_{in_j}$	特征向时(排序向量)
d_{i1}		$w_{i1}^{(jl)}$
d_{i2}		$w_{i2}^{(jl)}$
d_{in_j}		$w_{in_j}^{(jl)}$

第三步,进行一致性判断。判断矩阵维数越大,一致性越差;反之,亦成立。就是说判断矩阵的维数与一致性呈反向变化。在一般的研究中,为满足对判断矩阵的一致性要求,常引入值来放宽来以增强效果。

一致性比计算公式为:

$$CR = \frac{CI}{RI}$$

然后在判断矩阵的基础上进一步构造超矩阵 W。

第四步,构造加权超矩阵,如表5.4所示。

表5.4　加权判断矩阵

C_j	$C_1, C_2, \cdots, C_N$	特征向量(排序向量)
C_1		α_{1j}
C_2		α_{2j}
C_N		α_{3j}

进一步对加权矩阵 A 进行加权超矩阵 $\overline{W}$ 的构造：

$$\overline{W} = A \times W = (\overline{W}_{ij})$$

其中，$A = (\alpha_{ij})$、$W = (W_{ij})$ 分别为系统的加权矩阵和超矩阵。

第五步，计算权重大小。

记系统超矩阵 W 的 k 次幂为：$W^k = (W_{ij}^{(k)})$，有，

$$W_{ij}^{(1)} = W_{ij}$$

$$W_{ij}^{(2)} = \sum_{m=1}^{N} W_{im}^{(1)} W_{mj}^{(1)}$$

进一步，

$$W_{ij}^{(k)} = \sum_{m=1}^{N} W_{im}^{(1)} W_{mj}^{(k-1)}$$

最后，

$$W^{\infty} = \lim_{k \to \infty} W^k$$

（二）客观赋值法

在理论研究中，一般采用熵权法作为客观赋值法。熵权法有三步骤：

第一步，进行标准化处理。绩效评价指标体系中的数值内涵不同，要进行标准化处理，消除各指标的量纲差异，得到一致的标准化表示。设有 n 种农地流转模式需要评价，有 m 个评价指标。

特征值矩阵为：

$$X = (x_{ij})_{m \times n}$$

可得标准化的特征值矩阵 $Y = (y_{ij})_{m \times n}$，其中的 y_{ij} 的计算为：

$$y_{ij} = \frac{x_{ij} - \min_{j} x_{ij}}{\max_{j} x_{ij} - \min_{j} x_{ij}} \quad (y_{ij} \in [0, 1])$$

第二步，计算熵值。设第 i 个评价指标的熵值为 h_i，熵值的计算为：

$$h_i = -k \sum_{j=1}^{n} q_{ij} \ln q_{ij}, 其中, k = \frac{1}{\ln n}, q_{ij} = \frac{y_{ij}}{\sum\limits_{j=1}^{n} y_{ij}}$$

第三步,计算熵权。

$$\omega_i = \frac{1-h_i}{m - \sum\limits_{i=1}^{m} h_i} \qquad \left(0 \leqslant \omega_i \leqslant 1, \quad \sum_{i=1}^{m} \omega_i = 1\right)$$

评价指标的权向量为,

$$\omega = \left[\omega_1, \omega_2, \cdots, \omega_m\right]$$

(三) 主客观的组合赋权

理论研究中,主观法和客观法各有利弊。客观法依据制定的测度指标进行规范计算,未能反映专家意见;主观法直接采纳专家建议,但随意性。为此,本研究将客观法和客观法相结合,进行科学合理地赋权,即主客观的组合赋权。组合法的具体计算如下:

$$\theta_i = -\frac{w_i \omega_i}{\sum\limits_{i=1}^{m} w_i \omega_i} \qquad \left(0 \leqslant \theta_i \leqslant 1, \quad \sum_{i=1}^{m} \theta_i = 1\right)$$

5.2.2　绩效评价指标权重的确定

(一) 经济绩效评价指标权重的确定

1. 网络层次分析法赋权

农地产权流转平台的经济绩效,控制层只有一个目标,这个目标也是进行评价的准则。

表 5.5　经济绩效一级指标的判断矩阵

经济绩效目标	A1	A2	A3
A1	1	1	3
A2	1	1	2
A3	1/3	1/2	1

表 5.6　二级 A1 经济绩效指标的判断矩阵

A1	A11	A12	A13	A14	A15
A11	1	1	2	3	2
A12	1	1	4	4	3
A13	1/2	1/4	1	2	2
A14	1/3	1/4	1/2	1	1/2
A15	1/2	1/3	1/2	2	1

表 5.7　二级济绩效 A2、A3 指标经的判断矩阵

A2	A21	A22	A23	A3	A31	A32	A33
A21	1	3	5	A31	1	3	3
A22	1/3	1	3	A32	1/3	1	1
A23	1/5	1/3	1	A33	1/3	1	1

用 Super Decisions 软件对这些判断矩阵进行检验，便可推导出超矩阵 W、加权超矩阵 $\overline{W}$。当极限存在时就得到长期稳定的矩阵 W^{∞}，各行的非零值均相等。至此，农业转移人口流转平台的经济绩效指标评价各项指标权重为，

$$w_{\text{经济}} = \begin{bmatrix} A11,A12,A13,A14,A15,A21, \\ A22,A23,A31,A32,A33 \end{bmatrix}^{T}$$

$$= \begin{bmatrix} 0.1033,0.1286,0.0703,0.0511,0.0620,0.1985, \\ 0.1139,0.0681,0.0796,0.0516,0.0550 \end{bmatrix}^{T}$$

2. 熵权法赋权

通过对样本点典型案例调研，经过标准化方法，对获得农户间直接退地、联合平台退地、村集体平台退地等的调研数据进行处理，推导出特征矩阵 Y。

其中，$m=11$，$n=2$，$k=1/\ln2=1.4427$，代入计算公式，易得经济绩效评价指标的熵值、熵权（如表 5.8）。

表 5.8 经济绩效评价指标的熵值、熵权

	A11	A12	A13	A14	A15	A21	A22	A23	A31	A32	A33
h_i	0.5794	0.3154	0.1861	0.5119	0.6304	0.5118	0.5118	0.5794	0.6309	0.5794	0.6309
ω_i	0.0789	0.1284	0.1526	0.0915	0.0693	0.0915	0.0915	0.0789	0.0692	0.0789	0.0692

3. 组合赋权

将熵权赋权和网络赋权进行综合,可得组合赋权(表 5.9)。

从计算结果来看,就一级指标而言,农业经营水平、农民收入增长指数、农村生产发展指标的权重依次增大,说明了农村生产发展最重要。这与实际情况了是一致的,与上章的实证分析结果也是一致的。

只有在经济相对发达地区,土地生产效率较高,拥有土地使用权者能获得较高收益,既形成土地需求市场,也更能创造更多的就业机会,退地农户也更获得更高的补偿。在二级指标中,人均纯收入变化、土地产出和投入等影响比较大,说明推进流转土地后,能够促进土地适度规模经营,增加产出,提高人均收入。

表 5.9 经济绩效评价指标的组合赋权

第一层指标	权 重	第二层指标	权 重
A1	0.4682	A11	0.086
		A12	0.1768
		A13	0.1122
		A14	0.0502
		A15	0.044
A2	0.3787	A21	0.1947
		A22	0.1112
		A23	0.0728
A3	0.1531	A31	0.0686
		A32	0.0438
		A33	0.0407

（二）社会绩效评价指标权重的确定

1. 网络层次分析法赋权

社会绩效评价指标权重与经济效益评价指标目标类似，只设唯一的指标控制层，也就是一个目标。就是说，社会效应评价本身是目的，同时亦是评价准则。因此，农地流转效益准则就是社会效应。在矩阵一致性检验、专家咨询和软件 Super Decisions2.0.8 计算等基础上，建立两两比较判断矩阵。经过这些步骤，导出社会绩效判断矩阵（表 5.10）。

表 5.10 社会绩效一级指标和二级指标判断矩阵

B	B1	B2		B2	B21	B22
B1	1	4		B21	1	1/2
B2	1/4	1		B22	2	1
B1	B11	B12	B13			
B11	1	2	6			
B12	1/2	1	5			
B13	1/6	1/5	1			

同样用 Super Decisions 软件检验判断矩阵，可推导出超矩阵 W、加权超矩阵 $\overline{W}$，再进行稳定性处理计算，极限超矩阵 W^{∞}。

$$w_{社会} = (B11, B12, B13, B21, B22)^T$$
$$= (0.3280, 0.2425, 0.1438, 0.1244, 0.1613)^T$$

2. 熵权法赋权

通过对农户间直接退地、联合平台退地、村集体平台退地等不同流转类型的调研数据，同样原理可得出特征矩阵 Y。其中 m＝5，n＝3，$k＝1/\ln 3＝0.9102$。

表 5.11   社会绩效评价指标的熵值、熵权

B	B11	B12	B13	B21	B22
h_i	0.6309	0.5794	0.6309	0.6126	0.5446
ω_i	0.1844	0.2101	0.1844	0.1935	0.2275

3. 组合赋权

在经过上述几个阶段的赋权计算,即网络层次分析法赋权和熵权法赋权,可以得到组合赋权。这样,农地产权流转社会绩效评价指标的组合赋权如表 5.12 所示,农村收入差距指标(B1)是0.6957,市民化程度提升指数(B2)是 0.3043。

表 5.12   社会绩效评价指标的组合赋权

第一层指标	权　重	第二层指标	权　重
B1	0.6957	B11	0.3047
		B12	0.2571
		B13	0.1339
B2	0.3043	B21	0.1207
		B22	0.1836

5.3   农地流转平台绩效的测评

5.3.1   数据采集说明

本研究中,为对不同地区的情况进行调研,利用课题组及负责人的合作关系,前后对安徽省淮北市杜集区古饶镇、重庆市梁平县大观镇、嘉兴市姚庄镇以及杭州市进城农业转移人口进行了调查问卷和重点对象的详细访谈。为完成本章的不同流转平台绩效评价,本研究将 5 次调研的 2700 分卷重新进行了分类,进行新的编

号,即农户直接流转土地、农户间接流转土地和交给村组集体或经济合作社流转土地。

在问卷新分类中,发现有的农户不止选择一种流转平台,我们采用流转面积二次分类指标进行分类,以流转面积大的平台为农户选择平台。最终,农户直接流转土地(I,indirect)有1620份,农户间接流转土地(D,direct)有594份,交给村组集体或经济合作社流转土地(C,collective)有486份,各占样本总量的60%、22%和18%。

这三种流转平台,分别对应具体的三种流转形态,即农户直接流转给农业大户、流转给村组集体、流转给土地合作社三种类型,其中直接流转给农业大户和流转给土地合作社可以归为农户自由流转平台,流转给村组集体则为政府主导型流转平台。

5.3.2 经济绩效的测评

(一)农户间直接流转的经济绩效

农户直接退给农业大户是典型的农户之间直接流转。在实际访谈中,有些指标项农户未能给出,本研究对样本数据进行了整合和补充,得到所需数据(如表5.13所示)。

表5.13 农户间直接退出模式的经济绩效

第一层指标	第二层指标	权重	有偿退出前	有偿退出后	单位	指标初始值	指标加权值
A1	A11	0.086	6	10	月	66.67	5.73
	A12	0.1768	750	1180	元	57.33	5.14
	A13	0.1122	10	15	工	50	5.61
	A14	0.0502	300	450	元	50	2.51
	A15	0.044	300	0	元	0	0

（续表）

第一层 指标	第二层 指标	权重	有偿 退出前	有偿 退出后	单位	指标 初始值	指标 加权值
	A21	0.1947	2000	3000	元	50	4.74
A2	A22	0.1112	10000	3000	元	30	3.34
	A23	0.0728	80	20	%	75	5.46
	A31	0.0686	5	0	亩	0	0
A3	A32	0.0438	80	160	元	100	4.38
	A33	0.0407	20	30	元	50	2.04
直接退地的经济绩效							43.95

（二）农户间间接流转的经济绩效

农户将土地退给土地合作社是典型的农户之间间接流转。合作社将农户的承包地收归后统一直接经营或对外出租经营，大部分收益或租金返回原来承包农户。将所获得数据经过处理后进行运算，分析农户间间接流转的经济绩效（如表5.14所示）。

表5.14 农户间间接退出的经济绩效

第一层 指标	第二层 指标	权重	有偿 退出前	有偿 退出后	单位	指标 初始值	指标 加权值
	A11	0.086	6	12	月	100	5.73
	A12	0.1768	750	2560	元	241.33	42.67
A1	A13	0.1122	10	8	工	20	2.24
	A14	0.0502	300	500	元	66.67	3.35
	A15	0.044	800	300	元	37.5	1.65
	A21	0.1947	2000	4000	元	100	19.47
A2	A22	0.1112	10000	4000	元	40	4.45
	A23	0.0728	80	40	%	50	3.64

（续表）

第一层指标	第二层指标	权重	有偿退出前	有偿退出后	单位	指标初始值	指标加权值
A3	A31	0.0686	1046	1046	亩	100	6.86
	A32	0.0438	80	200	元	150	6.57
	A33	0.0407	20	50	元	150	6.11
间接退地的经济绩效							102.74

（三）村组集体流转的经济绩效

农户将土地退给村组集体是通过政府主导型流转平台的代表。根据嘉兴市姚庄镇退地农户户主的访谈，将所获得数据经过处理后进行运算，分析村组集体流转的经济绩效（如表 5.15 所示）。

表 5.15　村组集体有偿退出的经济绩效

第一层指标	第二层指标	权重	有偿退出前	有偿退出后	单位	指标初始值	指标加权值
A1	A11	0.086	6	12	月	100	8.75
	A12	0.1768	750	8000	元	966.7	170.91
	A13	0.1122	10	100	工	900	100.98
	A14	0.0502	300	600	元	100	5.02
	A15	0.044	1500	900	元	60	2.64
A2	A21	0.1947	2000	7000	元	250	48.68
	A22	0.1112	10000	7000	元	70	7.78
	A23	0.0728	80	50	%	37.5	2.73
A3	A31	0.0686	1000	1000	亩	100	6.86
	A32	0.0438	80	100	元	25	1.1
	A33	0.0407	20	100	元	400	16.28
村组集体模式的经济绩效							371.73

5.3.3　社会绩效的测评

（一）农户间直接流转的社会绩效

经过严格的计算，流转补偿金对个体和农村整体影响是不同的，对农村整体的恩格尔系数和农村基尼系数而言，有偿退地补偿金影响不大；对退地农户而言，收入影响较大（如表5.16所示）。

表5.16　农户间直接退出的社会绩效

第一层指标	第二层指标	权重	有偿退出前	有偿退出后	单位	指标初始值	指标加权值
B1	B11	0.3047	30	35	/	−16.67	−5.08
	B12	0.2571	40	55	/	−37.5	−9.64
	B13	0.1339	100	300	天	200	26.78
B2	B21	0.1207	50	60	元	−20	−2.41
	B22	0.1835	60	80	元	−33.33	−6.12
直接退出模式的社会绩效							3.53

（二）农户间间接流转的社会绩效

农民有偿流转土地、流转土地都会促进农地的集中经营，实现农业经营大户规模化经营，农业现代化程度较高，是推进现代农业经营的有效途径。从计算结果来看，农户间间接流转的社会绩效拉大了农村之间的收入差距（如表5.17所示）。

表5.17　农户间间接退出的社会绩效

第一层指标	第二层指标	权重	有偿退出前	有偿退出后	单位	指标初始值	指标加权值
B1	B11	0.3047	30	45	/	−50	−15.24
	B12	0.2571	40	50	/	−25	−6.43
	B13	0.1339	100	300	天	200	26.78

（续表）

第一层指标	第二层指标	权重	有偿退出前	有偿退出后	单位	指标初始值	指标加权值
B2	B21	0.1207	50	70	元	−40	−4.83
	B22	0.1836	60	95	元	−66.67	−5.77
间接退出模式的社会绩效							−5.49

（三）村组集体流转的社会绩效

从嘉兴的村组集体流转计算结果来看，通过流转获得的收益，提高了退地农户收入，改善农村收入差距，同时有利于推进市民化进程（如表 5.18 所示）。

表 5.18　村组集体有偿退出的社会绩效

第一层指标	第二层指标	权重	有偿退出前	有偿退出后	单位	指标初始值	指标加权值
B1	B11	0.3043	30	35	/	−16.67	−5.07
	B12	0.2565	40	40	/	0	0
	B13	0.1334	100	200	天	100	13.34
B2	B21	0.1212	40	40	元	0	0
	B22	0.1847	60	45	元	25	4.62
村组集体退出模式的社会绩效							12.89

5.4　农地流转平台绩效的比较及启示

5.4.1　流转平台绩效的比较

通过上述实证分析，易得出不同流转平台的不同特征（如表 5.19 所示）。就经济绩效而言，以农户直接退给农业大户为典型的农户之间直接流转、以农户将土地退给土地合作社为典型的农户之间间接流转、以农户将土地退给村组集体为典型的通过政府主导型流转经济绩效依次增大,均为正数。就社会绩效而言,以农户直接退给农业大户为典型的农户之间直接流转、以农户将土地退给村组集体为典型的通过政府主导型流转的社会绩效为正值,后者的社会绩效略大于前者,而以农户将土地退给土地合作社为典型的农户之间间接流转却为负值。

表 5.19 不同有偿退出平台的绩效比较

绩效\绩效	直接退地		间接退地		村组集体退地	
	绩效	排序	绩效	排序	绩效	排序
经济	43.95	三	102.74	二	371.73	一
社会	3.53	二	−5.49	三	12.89	一

5.4.2 流转平台绩效比较的启示

上述实证分析的结果,与本研究所提出的基本假设是一致的,也与当前研究结论相吻合。说明了研究结论是可以接受的。

根据课题组分析,农地流转土地经济效益涉及农户较多,利益诉求呈现多元化,对进城农户市民化和农村留居收入等至关重要,都会产生较大的经济影响。因而,尽管比重较小,政府依然要完善公益性流转平台,引导农户选择政府主导型退地平台。

现实中,农民较多的是通过土地合作社实现流转,这种平台的经济绩效介于出租与村组集体之间,但各种利益纠纷亦多见于这种模式,主要原因在于土地合作社负责人往往是原来村组或现行村组负责人,依靠乡村影响力垄断合作社经营,对农户利益重视不够。就社会绩效比较而言,表现出积极社会绩效的是农户之间直接退地和村组集体流转两种方式,产生消极的社会绩效是农户之间间接退地。在实地调研中,合作社负责人基本上根植于当地,与乡村干部关系密切,有的土地合作社经营不规范,决策不民主,甚至对个别农户是强行流转农地。这样,无疑会产生负的社会绩效。

上述分析表明,就政府主导型有偿退地平台和农户自由型退地平台而言,总体上前者无论经济效应还是社会效应均优于后者;同时,就市场化而言,市场化程度高退地平台的经济效应较高。有村社干部背景组织的土地合作社模式,经济绩效较好,社会绩效很不理想。因此,构建农户流转平台及机制的努力方向,是完善政府主导型有偿退地平台,同时引导农户选择政府主导型有偿退地平台,最大限度保障退地农户土地利益。

6 各地探索农村土地流转的
典型案例剖析及启示

2015 年以来,国家层面密集出台了关于农村改革方案或指导意见,掀起了新一轮地方改革。作为农村改革的顶层设计,我国印发了《深化农村改革综合性实施方案》,方案重要内容之一就是探索农村土地有偿使用制度和自愿流转机制。国家"十三五"规划提出,完善"三权分置"有效实现途径,深入推进农村土地制度改革,依法推进经营权有序流转,鼓励探索农户自愿流转土地,实现土地资源有效配置。国家在 33 个县(市、区)开展农村土地制度改革试点,支持引导其依法自愿有偿转让经营权。2016 年 10 月,出台了《关于完善农土地所有权承包权经营权分置办法的意见》。十八大以来国家关于农村土地问题的制度设计的市场化指向愈加鲜明,改革的深度和广度进一步加大,充分体现了中央对于全面深化宅基地制度改革的决心和顶层设计理念,为构建农村土地流转服务平台及运行机制提供了制度保障。2018 年初的中央一号文件指出乡村振兴战略实施中要探索宅基地集体所有权、农户资格权、使用权"三权分置"改革。在前 3—5 章中,主要以农用地为对象进行定量分析。本章案例分析中,根据前期的实地调研材料和已有文献资料,从承包地流转、宅基地流转和空心村整治等角度,以不同改革现行区的改革实践为对象,深入透视各地主要做法、取得成效和主要经验,最后提炼完善农户流转土地平台及机制的一般条件和要求。

6.1 重庆梁平县探索承包地流转

作为首批农村改革试点地区,梁平县依然是农业县,约有 72 万人农民,有 97 万亩承包地。但是常年外出人口就超过 32.4 万,约占农村总人口的 45%,农村"空心化"现象突出。按照"退得出、能利用、社会稳"的改革,坚持"搞好制度设计、创新六项机制、封闭稳慎试验"的改革思路,梁平县结合当地产业特色,摸索了一条"三方联动、供需平衡、稳妥退地"的农地流转之路,并形成了一套有效的工作机制。

6.1.1 主要做法

(一)农民将土地承包经营权交还村社集体后流转给大户统一经营

梁平县蟠龙镇义和村的做法是,先有承包户向村社组织提出流转土地申请,由村社向土地需求者出面转出土地经营权,即"农民退地——村社组织——经营大户"。就是说,农民不直接与经营大户发生关系,是退地农户与村社组织先发生退地关系,然后是村社组织与种植大户发生租赁关系。义和村有 20 户农民自愿向村社组织退地,种植大户首小江以"农迁农"的方式取得义和村集体成员资格,愿意承包农民自愿流转的土地。经过村社组织协调,双方以 3.45 万元/亩价格,共退地 15 亩。

这种做法好处在于,这一方面,土地流转是出于农民的现实理性选择。根据村民游世玲的介绍,游世玲全家都不再从事农业经营,经营灯具生意,家里所承包田地已撂荒近 10 年。流转农地是两全其美的行为,游世玲一家共流转 0.45 亩,获得 1.55 万元退地补偿,彻底不再承包农地。另一方面,新型农业经营主体,如农业大户等出于对长期租地稳定性的愿望,担心农民中途毁约,避免巨额投入"打水漂",选择农户流转土地而不是简单地流转农户土地,如上述的种植大户首小江就以这种方式现实了租地。

(二) 农民将土地剩余承包期限内的经营权"一次性"转让给农业大户

梁平县蟠龙镇青垭村的做法是,农业大户一次性"买断"土地剩余承包期限内的经营权。从转入角度分析,在多年的流转土地实践中,往往出现一旦经营好,农民频频要求追加地租。因种种原因,基层政府往往出于社会稳定考虑,"扶贫"心态使然,促使种植大户选择增加租金,种植大户吃了众多"散户"违约的亏。而采取将土地剩余承包期限内的经营权"一次性"转让给农业大户,就可以避免这种状况。

从土地转出角度来看,对于一般性的土地流转,转出农户往往有两个担心,一是一旦国家政策变动,二轮承包期到后,农户是否可以重新分地尚不明确,农民既想稳定承包关系;二是经营不好,又担心大户的经营不善,自己土地改变用途后难以再次利用,自己吃亏。一次性"买断"土地经营权,二轮承包期限到期,自己还可以根据情况决定是否再次承租集体土地;同时,避免了农业大户经营不善给自己带来的损失。

6.1.2　取得成效

从近年实践来看,梁平县两种退地做法都取得显著的成效。根据调查,至 2016 年上半年,梁平县已有 99 户、223.68 亩土地退还给了集体。其中,蟠龙镇已流转承包地 15 亩,涉及 21 户农户,每亩价格 3.45 万元,还有 16 户 23.2 亩承包地有流转意愿,正在与承接方协商,可望实现稳妥退地。在屏锦镇万年村,已自愿流转承包地 19.7 亩,涉及农户 30 户,每亩平均价格 1.4 万元,集体经济组织已履行公示等程序,承接方已做好流转地块项目规划,准备建设现代农业大棚,发展反季节蔬菜,培育优质果蔬等特色效益农业。

2016 年 8 月 8 日,川西村 9 组举行了退地农村土地承包经营权流转协议签字仪式,首批 7 户退地农户签订退地协议,退地 28.03 亩,户均获得"退地补贴"5.6 万元。万年村的实践,不设置退地门槛,只规定流转部分承包地。有一位业主看中了该村四村民组一片 20 余亩的地,准备租用来建大棚,种植水果和蔬菜。经三方协商,共 19.7 亩地所涉及到的 29 户农民,全都自愿申请将这部分土地的承包经营权流转,并获得每亩 1.4 万元的补偿金。所流转的地,由村民组集中租给业主经营。

6.1.3　主要经验

1. 设定门槛避免盲目跟进

对整户流转的农业转移人口,梁平县通过所设置的"门槛"。只有确实在城市有稳定就业的农户才有资格退地,避免盲目流转土地行为。如川西村九村民组虽有 21 户村民自愿申请退地,但经过审核,只有 15 户符合条件准予流转。川西村规定,只有取得城镇住房和稳定职业收入,有社会保障,确保流转后生活无忧的农民,才能流转土地;流转农户必须整户流转,以保证其免除农耕牵挂;对流转的地,通过"小并大"的方式,集中出租发包,杜绝闲置土地。

2. 在农民自愿有偿的基础上灵活探索有效途径

梁平县在推进承包地流转过程中,严格按照"农民自愿、封闭运行、风险可控"的改革,从农户资格、退地程序、价格形成、有效利用和后续保障等五个方面,进行有效探索。梁平县在试点承包地流转机制中探索了两种有效的实现方式,即"农民——村社集体——经营大户"和"农民——经营大户",具体实施中,都坚持自愿、有偿的原则不变。

3. 制定完善执行制度

一是退地对象是已经全家转为城镇户口,并且有稳定职业和固定收入来源;二是经过村民代表大会、村集体同意并公示后,履行退地手续;三是建立土地流转周转金制度,形成退地价格,保证农民补偿到位;四是通过土地整理提高土地有效利用率;五是建立养老保险制度,不影响农村基层经济社会稳定。

6.2 江西余江县探索宅基地有偿使用与流转

余江县地处以低丘岗地为主,南北有少量丘陵,中部为河谷平原。根据调查,由于农业转移人口外出较多,有些已经在城镇就业安家,余江县的闲置房屋、危房、倒塌房屋较普遍,有倒塌房屋7200 栋、危房 8300 栋、闲置房屋 2.3 万余栋。余江县也存在一户多宅、有户无宅、私下交易、违法建房等现象。2015 年 3 月以来,余江县农村宅基地制度创新有显著成效。

6.2.1 主要做法

在确定为国家农村土地制度改革试点资格后,余江县充分尊重群众的首创精神,首先明确宅基地有偿使用原则和收费标准,逐渐形成了一条清晰的工作原则,概括为"不做加法、只做减法;取退有偿、户有所居;坚持标准、严格规划"等。在这些原则的指导下,结合工作实际,提炼出了工作制度机制。

具体说,一是确定标准,实现每户都有居所,每套居所都符合农村人均住房标准;二是有偿使用,所有居民都是通过有偿方式确认自家的宅基地,实现集约节约利用宅基地;三是有偿转让,农户在自愿有偿的前提下,可以进行宅基地互换、流传和流转等高效利用;四是灵活应用,不同的乡镇、村组,可根据农户意愿灵活地制定具体实施办法。

在实际操作中,余江县还建立了相关的收益分配模式,在个人与农村集体经济组织之间进行合理分配。根据实际情况自行确定的方式,形成有利于宅基地流转的分配比例机制。同时,村民理事会又依据农村宅基地远近,调整退地收益比例;对于城市化较高地区,调低个人退地收益比例。

6.2.2 取得成效

余江县探索宅基地流转试点改革取得的显著成效,不仅盘活了农村宅基地土地资源,储备了未来农村宅基地,为基本农田保护提供了空间;而且增加了农民财产性收入,促进了农村二三产业发展,推动了农业转移人民市民化。截至 2016 年已流转宅基地

5700 宗、66.4 万平方米、拨付补偿款 670 万元。初步成效可提炼为五个方面：

1. 农村宅基地管理基础得到夯实。余江县有效开展了确权和编制规划等工作，奠定了宅基地管理的制度基础，增强了农户的产权认知，宅基地规范管理氛围得到有效营造。

2. 农民建房管理更加规范有序。余江县对"一户一宅"制度进行了规范管理，确定农户宅基地的标准和范围，还确定了村民建房现场公示制度，将主动作为和村组监督相结合加强建房的监督。

3. 村庄生活环境得到的美化与提升。在推进基地流转试点改革的同时，加强了村组生活环境的美化，并结合美丽乡村建设规划，对符合条件内居民的危房、倒塌农房进行了维护和修缮，改造了农村的厕所、猪牛栏等，极大地美化与提升了农村整体生活环境。

4. 村庄建设用地效率显著得到提升。在推进基地流转试点改革，余江县坚持村庄建设规划为先，注重盘活存量，严格土地管控，既改变了长期以来大量乱占耕地建设住房的行为，也将闲置宅基地复垦而增加了耕地面积。

5. 宅基地利用的公平性得到了体现。在宅基地利用中。在推进基地流转试点中，余江县通过有偿取得与有偿退去的制度，加强了对超标占用宅基地的农户管控，充分体现宅基地的经济价格功能。

6.2.3 主要经验

余江县率先进行的农村宅基地制度改革，无论从探索经验来看，还是体制机制形成来看，都取得了显著的阶段性成效，其探索的经验和好的做法，对于其他地区有积极的借鉴意义。余江县的经验可概括为三个方面：

一是明确利益相关者的职责与权利。余江县明确界定了不同利益主体的角色定位和利益诉求,其中,地方政府是引导者,担负"政府引导"的职责,是总体方案、政策制度的制定者;村集体组织(村小组)是运行主体,担负试点改革具体推进和利益纠纷处理的职责;村组成员是参与者,担负表决和监督职责。依据这些工作体制机制,余江县建立了由村民事务理事会主导的宅基地管理议事机构,建立工作制度。

二是统一试点改革的路径和技术思路。坚持"规划先行",依据各村庄的发展实际,对耕地数量、人口基数、主导产业等进行科学规划,对宅基地进行空间配置。坚持"统筹整合",统筹安排村组基本建设、资产配置、土地整治等各项改革,综合推进,互相结合,形成了"1+N"的推进思路。坚持"经济调控",充分发挥经济杠杆作用和农户自愿选择,灵活处理超标准占用宅基地、愿意流转宅基地,形成了宅基地超标准使用的阶梯式计费办法,有偿流转宅基地和流转宅基地办法等,宅基地的分配实施择位竞价制度,村民事务理事会合理确定竞价的底价。

三是建立利益相关者的收益共享模式。余江县建立了利益相关者收益共享模式,宅基地退地收益分为房屋收益和宅基地收益,宅基地收益在个人与农村集体分配,房屋收益归产权人所有。

6.3 云南大理市利用空心村整治
探索宅基地和承包地流转

云南省大理市农村居民耕地紧张,平均仅有 6 分地。全市1.17 万公顷耕地,但有 30 万农村户籍人口。但是,在大理市存在土葬的习俗,占用了大量的耕地,与紧缺的耕地形成突出矛盾。鉴于现实中的矛盾,大理市运用市场手段,利用空心村整治探索宅基地和承包地流转,取得了显著的成效。

6.3.1 主要做法

在大理市农村,普遍存在土地利用不合理的现状。一方面,有大量农民虽然在城里安家落户,但在农村却依然占据了耕地和宅基地,形成大量空置耕地和宅基地的"空心村现象";另一方面,在农村建房子的时候,却没有可用的宅基地,不得不占用大量耕地,导致村庄耕地面积不断减少。以银桥镇为例,该镇距大理州州府下关镇 20.5 公里,距古城 6 公里;全镇面积 69.87 平方公里,人口30873 人,耕地 19500 亩,人均 6.3 分地。根据 2010 年至 2015 年6 月的资料,全镇"少批多占"159 户,超占土地 38.27 亩,平均每户超占 0.24 亩;"先占未批"345 户,户均 138 平方米;"一户多宅"的共有 311 户,总占地面积 234 亩。其中:有宅基地批准手续未落实建设地点及家庭住房特殊困难户有 298 户,二者共占符合申请指标近三成。

为解决"空心村"问题,从 2013 年起,银桥镇在双阳村双鸢自然村开始试点利用空心村整治探索宅基地有偿使用。具体做法如下:一是统计清查。利用空心村整治探索宅基地和承包地流转,必须首先摸清家底,就是要对整个农村的耕地、房屋等进行全面的统计清查。在此基础上,农户与村组签订了宅基地使用权回收协议书;二是协商补偿。经过协商和评估,集体 10 万元/亩的价格给予农户补偿。经过几个步骤,共有 132 户农户有偿推流转了 22.24亩,农户获得了 280 万元补偿金;三是重新布局建设。村集体对拆除范围内宅基地和地上建筑进行了设计,建设公厕、老年活动中心、村公路等。根据有偿退地协议和年度建房用地指标,已安排了14户住房困难户。

6.3.2 取得效果

大理市银桥镇利用空心村整治探索宅基地有偿使用制度,是一种市场化出路,这些做法无疑保护了村庄耕地资源,优化了土地配置效果。利用空心村整治似的大量被闲置的土地作为耕地再次利用,又满足了需要住房的村民将房屋建在承包地上占用大量耕地现象,实现了随着人口减少村庄耕地面积不断增加的目的。

同时,银桥镇通过利用空心村整治,不仅探索了宅基地有偿使用制度,而且注意农村社会事业同步发展,为整治村庄容貌、建设村庄公益设施提供了土地与资金的保障,为留守老人、贫困人员的养老、医疗等提供了资金保障。

试点以来,银桥镇已在下辖的8个行政村、32个自然村启动了空心村整治,规划196宗建房用地,并已将其中的115宗分配到住房困难户。银桥镇空心村整治取得了良好效果。

6.3.3 主要经验

一是探索了宅基地流转机制。遵循长期以来的宅基地使用原则,坚持"一户一宅"、"无偿取得"等标准,申请建设新房的农户,要流转老宅基地。

二是优化了土地资源配置。充分地利用了闲置土地,提高土地使用效率,也满足了进城安家落户农户的现实需求,实现其土地产权权益,支持在城市安居乐业。

三是保障基本公共设施建设资金。推过利用空心村整治探索宅基地有偿使用改革,农民和集体都获得一定的退地收益,专项保障农村养老、医疗等公共设施建设,提供了资金支持。

6.4　典型地区有偿流转探索的启示

从各地探索的分析中,尽管取得了显著的阶段性成果,但作为一般经验去推广,完善农民流转土地平台及其机制,还要注意探索中存在种种问题和困难,提出一般性的条件和要求。

(一) 各地改革试点的制度透视

1. 制度创新的实质

各地推进农村土地产权制度创新的根本是赋予农民明确的土地权益,坐实土地土地使用权。这是为弥补土地制度本身缺陷所致的土地集体所有权实质上空置,以及农户处于弱势地位权利没有保障,流转缺乏制度保障。相对于土地承包经营,作为同一层面的土地流转权缺乏保护制度和操作规范。从流转出土地的农民角度,土地荒废或低效利用,是不履行所有权和经营权责任,一旦通过平台流入到高效利用土地方手里,就实质上转移了土地所有权和经营权主体资格。对于流入到土地的经营者来说,就合法拥有了土地主体资格,履行了土地经营权主体资格。

2. 存在制度难题

各地在推进改革中,农地产权制度创新所面临较大难题主要来自两个方面,即再次承包权利的资格和地方改革效力。

一是农户的再次承包权利问题。到2028年,第二轮土地承包期将结束,已经退地的农户是否有资格再次承包耕地或取得宅基地,目前宏观政策上还没有明确具体界定,一些地方改革虽然设定了到期前的期限,并没有进行到期后的设计。

二是地方改革政策效力的问题。地方改革探索中好的做法和经验尚未得到国家层面的认可,地方改革政策的效力正受着国家层面法律的约束,如何将地方改革上升至法律层面,需要国家层面的顶层设计。

(二)各地探索的一般经验

1. 提升村组集体经济组织胜任农村土地利用管理主体的能力。随着新型城镇化的推进,农民工市民化纵深发展,以及"空心化"趋势加重,不仅农民进城落户较多,村组集体经济组织也逐渐弱化。根据余江县的调研,村集体经济组织不仅人员紧张,而且缺乏经费和基本办公条件。也正是因为难以承担起胜任推进试点改革众人,才在处理各类纠纷中不得不依靠村民事务理事会的作用。

2. 积极探索村理事会长效运行机制。多地的探索都是依靠村组或村理事会等推进农户流转土地,但目前村理事会发挥作用还缺乏有效的运行机制。显然,村理事会依靠熟悉风俗、威望高等条件,运用"乡规民约"等手段解决农村纠纷具有很多优势。但是,还存在诸多不足。一是缺乏有效手段,如土地有偿使用费的收取困难,在大理市利用空心村整治探索宅基地有偿使用试点中,仅仅完成13.7%。二是缺乏工作激情。农村理事会成员基本无报酬的,工作积极性不高,同时由于土地流转及补偿资金等问题比较复杂,处理起来容易得罪人,甚至存在抵触的工作情绪。

3. 加大对地方政府财政转移支持。由于当前财政制度,村社组织在推进农户流转土地很难实现财政收支平衡。在实际工作中,需要花费远远大于预算和前期的财政支出,如直接退回补偿、安置补偿、误工补贴以及房屋拆除与复垦费用等。调研中,杨溪乡江背村有 66 户申请流转宅基地,但村集体限于支付能力只能拨付到位 49 户。尤其后期的村庄环境整治和农户基本社会保障等,改革的后续资金支持将会更大,集成村组难以支付。

4. 优化布局县域农村宅基地。各地改革中,均提出了要加强对村社农民居住环境和村镇建设的规划。但在实际推进中,往往根据本村的实际来编制。由于各村镇的差异较大,规划编制难以融合,缺乏统一规划。同时,过分强调本村社规划,"迁村并点"过程中又重新出现了新的重复建设,导致新的土地浪费。因此,必须优化布局县域农村宅基地,统一规划编制,引领村镇建设。

5. 探索抵押权有效实现的市场途径。推进土地流转土地同时,探索土地抵押权有效实现市场途径是重要改革内容之一。但是当前的金融体系还难以有效实现,农村土地资源的市场价值难以发掘。各类银行对宅基地使用权、耕地承办权等权益的抵押还存在排斥心态,农村土地抵押权难以实现。尽管个别银行进行了农村宅基地住房抵押贷款,但银行对贷款实行严格管控,农户很难实现抵押贷款,整个土地抵押权有效实现市场途径不畅通,对土地流转的支撑不够。

6. 加强对土地流转的后续管理。推进农户土地流转是完善当前土地制度的时代创新,但是当前还处于初级阶段,尤其土地流转后续管理制度没有建立,亟待加强,保障退地农民的安居乐业,增强改革获得感。在当前的改革中,农村居民的就业安置、增强财产收益等生活保障等还没有得到制度保障,加强对土地流转后续管理是推进改革的重要保障。

7 研究结论与进一步讨论问题

本研究首先进行理论分析,对农地产权制度改革当前文献进行合理梳理;其次,分析各地农地有偿流转改革的实践,构建理论,揭示各种农户流转平台运行机制和一般条件;再次,进行实证研究,构建实证分析的定量模式,进行农户流转行为及利益的博弈分析、影响农户选择流转平台因素分析和不同平台的绩效分析,为完善农民土地流转制度提供详实的现实基础和依据;第四,案例分析,分析重庆梁平县探索承包地流转、江西余江县探索宅基地流转和云南大理市利用空心村整治探索宅基地和承包地流转等;最后,提出完善农民流转土地平台及机制的政策建议。

7.1 研究结论

1. 现代产权理论的国际实践表明,探索"三权分置"有效实现形式需要进一步明确农村土地产权属性及权益。

从国际上普遍经验来看,无论权利属于国家还是个人,只要明确土地产权归属问题,都能形成稳定的土地制度,形成健康的土地交易市场。国际土地制度改革进展是不断完善经营权从所有权分离的过程,推动土地流转与流转实现适度规模经营。同时,完善土地权益保护的法律机制是实现土地利用的关键,而建立自主的土地交易平台是完善土地权益保护的关键环节。国际上普遍以宪法形式保护土地产权不受侵害,不仅明确不受任何社会和个人侵犯,同样也限制政府公权侵害,推动土地交易市场发展。

尽管当前我国已确定了"三权分置"农村土地产权新制度,所有权属于集体组织,承包权属于农户,使用权属于实际从事农业生产经营者。但是,依然不是现代意义上的土地产权制度。根本原因在于,集体所有权实质上空置,农户处于弱势地位权利没有保障,流转缺乏制度保障。相对于土地承包经营,作为同一层面的土地流转权缺乏保护制度和操作规范。

2.长期以来制约城乡一体化发展的制度根源在于倾向于城市发展的土地制度度,尤其是制定制度政策的逻辑思维。

从根本上讲,农村严格的土地用途管制思维是农村土地产权与市场残缺的思想根源,以牺牲农民发展权为代价保护"粮食安全",让农民长期承担"粮食安全"的国家责任。因此,二元结构根本转换在于突破思想束缚,只有推动现行土地的根本性转变,才能实现刘易斯两部门模型所预言的城乡收入差的收敛过程,要素在城乡之间自由流动,市场机制进行优化配置,推进城乡一体化发展,消除二元社会结构状况。

进一步研究得出,阻碍农业转移人口举家进城落户的最后制度束缚就是现行的农村土地制度,而破除"三个一亿人"问题土地藩篱的关键之一是建立进城农民土地承包经营权使用权的流转机制:一方面,为举家进城实现市民化的农户提供资金支持;另一方面,促进农业适度规模化经营,促进农业产业化经营,提升农业综合竞争力。

3. 依据推动农户流转土地主导作用不同,将农户流转土地的实现方式分为政府主导型和农户自由型,并且两大类平台因其性质不同,对农户退地所获得的收益影响不同,对不同土地资源配置效应也是不同的。

通过利益相关者博弈分析的比较,政府型农地流转平台对于稳定土地市场具积极作用,能够较好地保障拥有中低产出土地流转农户的利益,但挫伤了拥有高收益土地流转农户的利益;同时,两类平台混合存在的市场结构具有较好的稳定性,现实中两种平台将长期同时存在。在具体的效应分析中,政府主导型有偿流转平台的经济效应和社会效应均优于农户私下自行流转平台,市场化程度高地区有偿流转平台的经济效应较高。完善农民流转平台及机制,一是规范、引导农民自由型流转平台,纳入政府主导型平台;二是完善政府型土地流转平台及机制,拓展平台内涵,最大限度保障退地农户土地利益。

4. 现实农民更偏向于自由型退地平台,偏离各地基层政府或村社组织积极搭建政府型有偿流转平台的初衷。

实地调研和实证分析均证实,尽管政府主导型有偿退地平台对农户及城乡发展具有积极的效应,但目前户处于种种原因的考虑,农民较多通过私下自由型有偿退地平台实现流转土地(近五分之四)。同时,经济发展程度是影响农村土地市场的关键因素之一,大力推进农业转移人口区域的城乡统筹发展,构建多方参与的流转补偿基金在内鼓励政策,规范政府主导型有偿退地平台及机制建设。

5. 地方推进农户流转土地使用权的实践创新需要国家层面的制度保障,尤其地方政策的可持续性和效力上,需要国家层面上给予明确和保障。

从各地探索的分析中可得,尽管地方改革取得了显著的阶段性成果,但作为一般经验去推广需要国家层面进行制度保障,需要进行综合配套改革,尤其要提升村组集体经济组织胜任农村土地利用管理主体的能力,积极探索村理事会长效运行机制,加大对地方政府财政转移支持,优化布局县域农村宅基地,探索抵押权有效实现的市场途径,加强对土地流转的后续管理。

7.2　政策启示

随着农村耕地"三权分置"新制度完善,以及新型农业经营主体和微型家庭农场并存、新型农业社会化服务体系日趋完善,进一步推进农户流转农地改革与创新,完善农户流转农地的平台及其机制,首要是对先行地区所探索的流转平台及机制,应通过理论指导和政策支持,尽快提炼出一般条件和要求,从理论高度对实践进行指导,推动进一步发展;其次,加快完善政府主导型流转平台本身制度,一方面要积极完善平台及运行制度建设,另一方面要积极争取国家给予更大的支持,给予地方改革政策的合法化保障;再次,规范农业转移人口自由型流转平台及机制,通过优惠政策,引入到政府主导型流转平台中来。同时,推进农村综合改革,优化布局县域农村宅基地,贯彻落实中央关于居住证制度、推进农业土地流转财政支持制度,加快探索跨市域、跨省域的转移人口与土地流转可行性研究。几点具体的政策建议如下:

1. 充分尊重农民的意愿和保护土地资产价值

以突破城乡二元结构根本转换的思想束缚为核心,推动现行土地制度的根本性转变,建立健全完善的农户有偿退出土地制度,促使要素在城乡之间自由流动,市场机制进行优化配置,消除农业转移人口举家进城落户的土地制度束缚。在城乡二元经济结构的约束下,如果不建立农户有偿退出土地制度,进城农民难以实现向立健全完善的进城农民土地退出补偿机制,这也与我国现阶段经济发展现实是相适应的。农民基本生活的依靠就是土地,因而农民土地流转补偿机制及其相关政策的设计要完善,循序渐进,不能一蹴而就,特别要注意的也是非常重要的就是在相关政策的实施过程中要充分尊重农民的意愿和土地的资产价值,与此同时,也要充分考虑城镇吸纳进城居民的能力,要保障进城农民的基本需求(如基本生活需求、居住需求、就业需求、教育需求、养老需求等),消除和解决退出土地农民的后顾之忧,确保做到农民退出土地机制的有效运行及其风险可控。

2. 需要进一步明确农村土地产权属性及权益

现代产权理论强调,产权清晰界定比所有制属性更有效。而产权不清、缺乏保障正是我国农村集体土地制度问题顽症所在。率先发展的地区总是先遇到体制机制障碍。近年来,在推进新型城镇化进程中,解决农村土地闲置浪费与土地资源价值无法的实现矛盾,广东、海南、江浙及重庆等地积极破解农村土地产权主体不清、保障不力的制度缺点,积极推进农村土地股份制改革,发掘土地资产价值,激发城乡发展活力。以国家法律制度形式,进一步明确"三权分置"农村土地产权新制度框架下各相关主体的权属及权益,界定明确,保护有据有力。尤其需要明确所有权"集体"存在形态,集体成员进入与流转制度,明确农户流转土地权益,完善现代意义上的集体土地产权制度。当然,为防止土地集中和兼并,地方政府对放开耕地承包权流转的改革要有序进行。首先,在市场准入上可设置一定的限制,比如只允许耕地承包权在农户间流转;其次,参照城市房地产限购政策,耕地承包权可以先在县域范围内流转,然后逐步扩大到地级市或省域范围。

3. 彻底消除倾向于城市发展的土地制度及制定政策的逻辑思维

尽管我国为缩小城乡差做了大量工作,但乡村依然是发展最不充分不平衡的最突出地区,必须扭转倾向与城市发展的局面。着以突破二元结构根本转换的思想束缚为核心,推动现行土地制度的根本性转变,完善农户流转土地制度,实现刘易斯两部门模型城乡收入差的收敛,要素在城乡之间自由流动,市场机制进行优化配置,消除农业转移人口举家进城落户的土地制度束缚。

4. 加快发展农村二三产业融合发挥和真正培育土地需求市场

推进城乡一体化发展,全面加快不同地区农村二三产业协同发展,培育土地需求市场。一是打造现代经营主体,大力扶持新型农业经营主体;二是打造农业现代化园区和农业综合体等新平台;三是推动第六产业发展,促进产业融合协同发展。同时,切实贯彻城乡建设用地同权市场,真正培育土地市场。

5. 构建多方参与的流转补偿基金在内的流转土地鼓励政策

不仅要加大对地方政府财政转移支持,还要改变当前支农资金使用结构,新增农业规模经营耕地租金补贴专项资金,支持实际从事农业生产经营的新型农业生产经营主体;积极构建多方参与的流转补偿基金在内的鼓励政策,并在退地评价、服务中介等方面,加快构建农户有偿流转平台运行的新机制,增加农业转移人口有偿退地的预期收益。加强对土地流转的后续管理,增设诉求、纠纷调节等服务功能,保障退地农民的安居乐业,增强改革获得感。

6. 积极探索村理事会长效运行机制

完善村理事会发挥作用的运行机制,设置专职人员,建立专项经费,激发其工作热情和主动性,充分发挥其熟悉风俗、威望高等条件以及运用"乡规民约"等手段解决农村纠纷具有很多优势,提升村组理事会协调有偿退地问题的组织协调能力,加强有偿退地的组织协调能力建设。

7. 完善政府主导型流转平台及运行机制

简化政府主导型有偿土地平台的进入要件和操作过程,实现"一次性"退地服务,大力降低农户的非经济成本,如只要农户提供居民证和承包证这两个证件,即可实现有偿退地。同时拓展平台服务功能,打造"一站式"服务。加快县乡村土地交易信息体系建设,特别是电子信息平台建设,整合各类产权交易数据,打造统一的产权登记信息查询平台(IPPS);以平台为依托,开设农户有偿退地和就业的指导与培训业务,扩大对政府主导型流转平台的理解,将具有流转协议的退地行为视为有效,并纳入登记范围。

8. 构建政府主导型流转平台及运行机制建设的配套支撑体系

构建土地交易诚信体系,形成农村信用数据库,与违约纠纷查处的法律强约束相对应。提供有偿土地行为信誉担保服务,各类有偿退地服务平台应将其纳入流转服务范围,消除农户后顾之忧。同时,宣传政府型退地平台所提供的综合服务以及选择政府型平台给农户带来的益处、自行流转平台潜在的风险,提高农户认知能力,提升农户入场交易率。

9. 探索以县域为整体分步骤有序推进农村土地股份制改革

"三权分置"与"长久不变"是我国农村土地制度的基本架构。在这一制度架构下,关键要在"长久不变"条件下不断完善"三权分置"关系,尤其要处理好集体所有和农户承包的关系,探索农村土地集体所有制的有效实现形式与路径,形成了农村土地"三权分置"制度创新。同时政策指出,十八届三中全会《决定》提出,允许农户以承包经营权入股发展农业产业化经营,进一步完善了农村土地承包经营权权能;2014 年,中办国办《关于引导农村土地经营权有序流转发展农业适度规模经营的意见》(中办发〔2014〕61 号)提出,有条件的地方根据农民意愿,可以统一连片整理耕地,将土地折股量化、确权到户,经营所得收益按股分配,也可以引导农民以承包地入股组建土地股份合作组织,通过自营或委托经营等方式发展农业规模经营,允许农民以承包经营权入股发展农业产业化经营;2016 年中央 1 号文件进一步明确"鼓励发展股份合作,引导农户自愿以土地经营权等入股龙头企业和农民合作社,采取'保底收益＋按股分红'等方式,让农户分享加工销售环节收益,建立健全风险防范机制。"为进一步推进改革试点地区的制度创新,在经济发展较好的地区,探索以县域为整体分步骤有序推进农村土地股份制改革,激发土地资本潜在功能,为农民流转土地使用权创设制度空间和制度保障。

7.3　进一步讨论问题

由于研究时间和团队能力所限,尽管本研究从理论层面、实证分析和案例解析等多维度开展了一定的研究工作,提出了完善农户流转农地平台及其机制的政策建议。但对于涉及到本研究命题的一些问题仍需要深入研究,本研究未能进行分析阐述。综合归纳起来,主要机制体制问题和研究技术问题两方面。

一是关于农户再次承包土地和使用宅基地权利的问题。

到 2028 年,第二轮土地承包期将结束,已经退地的农户是否有资格再次承包耕地或取得宅基地,目前宏观政策上还没有明确具体界定,一些地方改革虽然设定了到期前的期限,并没有进行到期后的设计。本研究对这一问题没有专门研究,但在实证分析中,这一因素影响到农户对不同流转平台的选择。农户之所以较多选择私下自由退地平台,很大程度上是考虑到二次承包期结束后能够继续获得农村土地的使用权,获得农田承包权、宅基地使用权、集体土地资产权利等。因此,这一问题涉及到集体成员资格流转问题,国家需要对这些问题作出明确的法律界定,加以固化。

二是关于地方改革政策效力的问题。

随着改革的纵深推进,地方改革探索中好的做法和经验尚未得到国家层面的认可,地方改革政策的效力正受着国家层面法律的约束,如何将地方改革上升至法律层面,需要国家层面的顶层设计。近年来,一些地方结合自身状况,探索了一套比较有效的农户流转土地办法,本研究在典型案例分析中已进行了较为全面的分析。但在调研过程中,这些好的做法不断受到挑战。在一些地方,随着土地增值收益不断增加,尤其土地集中利用和规范管理之后,经济效益明显好于流转之前的状况,农户退地的机会成本随之变大。由于缺乏必要的守约意识和相应的制度约束,农户"毁约要地"的现象时有发生,或者要求增加退地补偿等;另一方面,个别经营不善的新型农户,"弃地跑路"的现象也屡见不鲜。由于承包农户受到《土地承包法》等国家层面的保护,并据此抵制地方改革制度,地方政府往往处于对农户保护和社会稳定等考虑,对贯彻改革政策也只能采取观望态度,或暂缓执行。

三是关于建立农户有偿流转与土地指标跨区优化配置的问题。

各地在推进农户有偿退地的实践中,都严格按照"封闭进行"的原则,在一定的区域范围内推进,并规定只有本集体成员才能成为接受土地使用权,土地指标在一定市域范围内进行统筹。这一原则的坚守,极大地限制了土地级差地租的发挥,抑制了土地市场发挥,限制了土地增值收益空间,进而难以提高农户退地补偿金,难以激发农户退地积极性。随着人口流向与土地指标配置方向的矛盾日益突出,要尽快建立农户有偿退地与土地指标跨区优化配置区域联动机制。

四是关于放宽多利益主体博弈的假设条件问题。

在前述研究中,为简要说明政府主导型退地平台的积极作用及作用机理,对农户参与多主体博弈模型进行了一系列严格的前提假设。这些假设对于研究而言不仅必要而且合理。以定价为例,一旦采取交易平台的差别定价,将会吸引具有高资源禀赋土地的农户选择政府主导型流转平台。为使研究更具有现实操作性,在今后的研究中就有必要对假设条件或者部分假设释放或改变,但改变后的假设条件,模型结果有什么改变?农户或一部分农户选择平台的收益是否会改变,进而影响平台的选择?

五是关于农户有偿退地平台的综合绩效问题。

本研究没有分析不同退地平台的生态环境绩效问题,只分析了经济绩效和社会绩效问题,这显然是不够的。同时,对农户有偿退地后举家进城市民化的研究缺乏,未能形成退后前与退地后对市民化影响变化的对比分析,今后要考虑包括所有绩效在内的综合绩效。

专题研究

杭州市加快推进农村土地承包权
流转促进适度规模经营研究

一 研究背景

新形势下正确处理好农民与土地的关系是深化农村改革的主线,是落实好农村土地"三权分置"的内在要求,更是实现乡村振兴的工作基础。土地流转是促进农业发展的基本手段,引导土地有序流转、促进农业适度规模经营是优化农业资源配置、发展现代农业的必由之路,也是加快培育和壮大新型农业经营主体的关键之举。近年来,为解决农村土地闲置浪费与土地资源价值无法的实现矛盾,广东、海南、江浙一带及重庆等发达地区率先遇到体制机制障碍,积极推进农村土地承包权流转加快适度规模经营。但改革仅在一定的区域内进行,并没有传导到全国范围。原因在于实行土地承包权流转必须满足一定的条件,就是人多地少,人均耕地少,且经济发达,农民不依靠种地为生,农民基本上愿意将土地流转出去获得财产性收益;同时,当地政府廉洁高效,市场经济活跃,城乡一体化发展成效显著。

当前,杭州农村劳动力大部分已转移到二、三产业就业,农民收入中来自第一产业的比重较低,且农村社会保障水平较高;随着农业产业结构调整,高效生态农业蓬勃发展,新型农业经营主体对土地流转需求加大,杭州农村土地流转已具备较好条件,一些地区已进行了多年的实践探索,积累了较为丰富的经验。同时,与兄弟地市相比,杭州农村土地流转还有差距,与"走在前列"的要求很不相称,还有很大的潜力可挖,应顺势全面催进土地承包权流转,打造杭州以城市国际化带动城乡一体化发展的 2.0 版,在乡村振兴中为全国开辟一条可复制可推广的乡村振兴道路。

二 乡村振兴对农村土地产权制度改革的内在要求

(一) 我国城乡发展进入全面乡村振兴新时期

在发达国家城市发展史上,在城市化率达到 50％左右的时候,需要跨越"中等收入陷阱"才能迈入城市可持续发展的新阶段。2011 年,中国城市化率首次突破 50％,2018 年到达 59.58％,比世界平均水平高约 3.48 个百分点,城市人口增加了 4.52 亿。仅 2011－2015 年间城镇人口增长了一亿多人,年均增长 2028 万人,比欧洲一个中等人口规模国家的总人口还要多。但于此同时,由于受城乡土地制度、户籍制度等约束,中国新型城镇化问题凸显,还是低水平的城镇化,城市环境基建和功能服务相对滞后,各种"城市病"涌现。在大多数城市中,传统的"三农"问题不但表现为传统意义上农业、农村、农民问题,而且表现为日显突出农民工和"城中村"问题,演变为更为复杂的"四农一村"问题。根据国家统计局抽样调查结果,2018 年农民工总量为 2.87 亿人,既无法融入城市,也难以回到农村。

为解决城乡二元不断拉大的发展趋势和"三个一亿人"突出问题,国家全面部署实施乡村振兴发展战略。李克强总理在2014年政府工作报告中提出"三个一亿人"的城镇化:即到2020年,要促进一亿人农业转移人口落户城镇,引导一亿人在中西部地区就近城镇化,改造约一亿人居住的城市棚户区和城中村。中央"十三五"规划提出,要促进有能力农业转移人口举家进城落户。党的十八届五中全会进一步提出,要深化户籍制度改革,促进有能力在城镇稳定就业和生活的农业转移人口举家进城落户,并与城镇居民有同等权利和义务;实施居住证制度。中央及时印发了《深化农村改革综合性实施方案》,对我国农村改革的顶层设计和总体部署,推进农村资源要素改革,形成"三权分置"农村土地制度改革,加快落实集体所有权、稳定农户承包权、放活土地经营权,激发我国农村各类要素潜能。为解决新时期城镇化面临的突出问题,2015年12月20日,中央城市工作会议在北京召开,充分体现新一届中央领导集体对城市工作的重视。随后国务院发布了《关于实施支持农业转移人口市民化若干财政政策的通知》,提出要维护进城落户农民土地承包权、宅基地使用权、集体收益分配权,引导地方政府推进有偿退出、促进有能力在城镇稳定就业和生活的农业转移人口逐步市民化。党的十九大报告中提出乡村振兴战略,把解决好"三农"问题作为全党工作重中之重。2018年中央一号文件,即《中共中央国务院关于实施乡村振兴战略的意见》,乡村振兴战略成为当年政府工作报告亮点。

贯彻落实中央和省关于城市工作会议精神,2016年7月11号杭州召开了市委全会,全面部署城市国际化工作,揭开了新起点上高水平推进城乡融合发展的帷幕,频频走上"头条"的浙江"千村示范、万村整治"工程,已成为全国各地实施乡村振兴战略、推进农村人居环境整治的示范和标杆。

（二）经济发达地区率先探索土地改革之路

实现充分说明,实现"三个一亿人"战略目标,必须破除城乡二元土地制度的束缚,探索在"三权分置"下完善土地各项权利的有效实现形式,促进农业转移人口市民化。总之,创新农村土地制度成为深入推进新型城镇化的必然选择。现代产权理论强调,产权清晰界定比所有制属性更有效。也就是说,产权制度安排对资源配置没有什么影响,无论产权初始属于哪方,市场机制都会自动地实现资源的帕累托最优配置状态,影响市场机制的是产权明晰和交易费用。这正是我国农村集体土地制度问题顽症所在。因此,在坚持集体所有制下,开展土地权益股份制改革应是农村土地产权新形态发展的必然要求。

近年来,围绕满足城市化对土地的需要,各地尤其是经济发达地区和大中城市近郊纷纷进行农村土地产权制度创新。广东佛山市南海区在全国建立农村土地股份合作制,并风靡广东珠三角地区。借鉴广东改革,杭州、宁波、嘉兴和台州等地也积极探索本地土地承包权流转路径,多数城中村、城郊村已实施了社区土地股份合作制改革。新时期,广东南海土地承包权流转步入深水区,最大亮点就是按照年龄分发股份份额,土地份额固化,不再与家庭人数变化捆绑,且股份连着福利。作为国家统筹城乡综合改革试验区之一的成都,自2008年初始,开展了以"地票"交易为核心的农村土地产权制度创新,激发了农村土地潜在的财产功能。综合近年来各地改革模式,可以归纳为三种:一是对农户承包地重新确权颁证,建立新型土地股份合作组织;二是建立农村承包地经营权流转市场,推进土地适度规模经营;三是开展土地整治,在一定范围内实施"增减挂钩"、"指标交易"。虽然这些改革是在一定区域内的探索,但对杭州全面推进改革起到了积极的借鉴作用。当前农村集体土地制度已羁绊了城镇化进程,亟待构建新型农村土地产权新形态,即农村土地承包权的股份制改革。

三　杭州实施农村土地承包权流转的机遇和条件

国际城市权威评级机构 GaWC 发布的《2018 世界城市排名》充分印证了杭州推进城市国际化的成效。排名显示:杭州由 Gamma＋升至 Beta＋级别,位居全球城市排行榜第 75 位、大陆城市第 6 位。连续 8 年入选"外籍人才眼中最具吸引力的十大城市",人才净流入率和海外人才净流入率位居全国第一。城中村改造经验新华社载文向全国推广,社区建设国际化的"杭州样本"被民政部推广,成为副省级城市首个国家生态园林城市、荣获全国美丽山水城市称号。

（一）杭州迎来推进深化改革的历史机遇,
　　　为实施农村土地承包权流转提供改革大环境。

杭州举办 2016 年 G20 峰会、2022 年亚运会,以及 2018 年世界短池游泳锦标赛,这些"大事件"必将为推进杭州市高起点上新发展注入了强大动力,为杭州带来密集持续的、高端全方位的国际要素集聚。在可预见的将来,"大事件"后效益必将带动其他国际性事件在杭州发生。杭州要抓牢抓好"大事件"驱动效应,全面推进农村综合制度改革,推进包括农村土地承包权股份制改革在内的提出一揽子改革方案,争取国家赋予杭州全面创新改革试点,支撑杭州大发展。加强保障和改善民生,群众生活品质进一步提升。

全市城镇新增就业39.86万人,创历史新高,城镇登记失业率保持在1.6%以内。基本养老、医疗保险基本实现全民覆盖,萧山、余杭、富阳三区就业社保一体化平稳运行。一是学有优教基础夯实。出台推进新名校集团化办学的实施意见,全年全市新建竣工配套中小学、幼儿园85所。在全省率先建立学后托管服务市级政策保障机制,开展校外培训机构专项整治工作。全面实施乡村教师支持计划。二是医疗养老服务水平提升。实施医疗卫生服务优化工程,"三医"联动、"分级诊疗"等综合医改深入推进,打造智慧医疗升级版,医养护一体化签约服务质量进一步提升。市丁桥医院建成启用。出台示范型医养结合居家设施标准,打造50家示范型居家养老服务照料中心。三是文体事业蓬勃发展。良渚古城遗址完成申遗迎检,出台建设国际文化创意中心政策,制定之江文化产业带建设推进计划。2018年世界游泳锦标赛(25米)和第五届世界游泳大会成功举办。四是生态环境质量不断改善。落实中央环保督察问题整改,严防劣Ⅴ类水质反弹。加快天子岭餐厨二期等一批固废设施建设,推进城乡生活垃圾减量化资源化无害化处理。加强"五气共治",深入推进"清洁排放区"建设。县级以上集中式饮用水水源地水质达标率100%。

(二)杭州"产城人"高度融合发展,改革创新活力持续增强,为实施农村土地承包权流转夯实了物质基础。

杭州市经济社会发展一直走在全国前列。早在20世纪八九十年代,杭州乡镇工商业蓬勃发展,兴起了小城镇建设热潮。伴随着杭州城市化进程,以产业集群为区域经济迅速地增长,产城实现良性互动,高度融合,网络化的城镇承载了以块状经济为特色的杭州经济。这为农民创业起步降低了门槛,创造了条件,使杭州实现了快速消费品国内外市场占有率高、农民生活富裕和区域经济繁荣的良好局面。靠着这些中小企业的成长和非农就业人口的集聚,杭州自然而然萌发了城镇化的内在动力。杭州小城镇多数是依靠中小企业的成长和非农就业人口的自然集聚形成,是城镇产业发展、人口集聚的自然结果。也就是说,杭州城镇化的动力完全来自内部,是内生型的,遵循了城镇化发展的客观规律,实现了"产城人"高度融合发展。2018 年实现地区生产总值预计 1.35 万亿元,三次产业结构为 2.3∶34.0∶63.7,服务业主导、数字经济引领、先进制造业支撑的现代产业体系进一步巩固。消费需求稳定增长,社会消费品零售总额增长 9%左右。网络消费保持高速增长,实现网络零售额预计 5200 亿元,增长 20%左右。实现一般公共预算收入 1825.06 亿元,增长 12.5%。在 15 个副省级城市中,我市收入规模第二,税收占一般公共预算收入比重第一。新增上市企业 10 家,累计境内外上市企业 172 家,位居全国第四。年末金融机构本外币存贷款余额分别为 39811 亿元和 36598 亿元,增长 9.1%和 25.0%。不良贷款率为 1.10%,较年初下降 0.48 个百分点。

　　(三) 杭州城乡一体化深度发展,居民收入高位上缩小,

　　　　为实施农村土地承包权流转积累了社会条件。

　　近年来,杭州城镇化快速发展,城乡一体化进程加快,"三农"问题得到较好解决。杭州制定出台了《关于加快发展中心镇培育小城市的若干意见》(市委办〔2011〕2 号),以及《关于推进中心镇和小城市培育试点镇行政管理体制改革的实施意见》、《杭州市中心镇"双千工程"三年行动计划(2013—2015 年)》等一系列推进城乡一体化发展的政策文件和指导意见,有效地推进了杭州城乡一体化发展。随着农村各项改革试点陆续展开,杭州市农民财产性收入呈现快速增长的态势,财产性收入连续多年居 31 省区之首,

收入来源形成"多元结构"。租金收入成为全市城乡接合部农民收入的重要来源之一,《半月谈》杂志曾以"杭州:'股改'让百万农民腰包鼓鼓"为题,报道杭州市一些地区实行农村土地承包权流转的突出成效。

　　杭州城镇居民人均可支配收入从 2010 年的从 30335 元提高到 2018 年的 54348 元,2018 年增长 9.1%,扣除价格因素实际增长 6.6%。其中城镇居民人均可支配收入 61172 元,增长 8.7%;农村居民人均可支配收入 33193 元,增长 9.2%。扣除价格因素,城乡居民收入实际增速分别为 6.3% 和 6.7%。2018 年杭州农林牧渔业增加值 312 亿元,增长 2.0%。其中农业 201 亿元、林业 45 亿元、渔业 30 亿元,分别增长 2.4%、6.3% 和 2.1%;农林牧渔专业及辅助性活动 6.3 亿元,增长 11.4%;牧业 30 亿元,下降 6.8%。粮食总产量 66.8 万吨,增长 3.3%;蔬菜产量 342.7 万吨,增长 1.3%;水果产量 84.7 万吨,增长 3.3%;水产品产量 21.4 万吨,增长 3.0%;肉类产量 21.1 万吨,下降 14.2%。市级"菜篮子"基地 514 个,其中新建 12 个;农业标准化生产程度达 65%。新创建美丽乡村精品村 76 个,新完成美丽乡村精品示范线 12 条;农家乐(民宿)共接待游客 6477 万人次,实现经营收入 69 亿元,分别增长 30.5% 和 32.9%。农村电商销售额 120 亿元。"千万农民素质提升工程"培训农民 7.1 万人,实用人才累计 14.7 万人。杭州城镇居民人均可支配收入连续 16 年列上海、北京后,居全国 31 个省(市、区)第三位、省区首位,农村居民人均纯收入连续 30 年居全国各省区首位。同时,杭州农地征用制度改革基本做到"同城同待遇",社会和谐程度较高,较早进行土地制度改革,具备全面推进土地股份化改革的各项条件。杭州所推进城乡一体化的改革探索,有力地推动了城乡一体化发展,推动了城市基础实施、公共服务、现代文明等向农村延伸、辐射。

四　杭州加快农村土地承包权流转的工作举措

（一）扎实推进土地确权登记颁证工作

全面完成土地承包经营权确权登记颁证工作，妥善解决农户承包地块面积不准、四至不清等问题，让农民吃上"定心丸"，放心流转承包土地。强化土地承包经营权确权登记颁证成果应用，加快县（市、区）级农村土地承包经营权确权登记颁证数据库和土地承包管理系统平台建设，推进土地承包经营权信息化管理，为"三权分置"提供信息资源共享和大数据支持。在集体土地所有权确权登记颁证工作基本完成的基础上，进一步完善相关政策，及时提供确权登记成果，切实保护好农民土地承包权益。

（二）积极引导土地流转

引导农民在自愿前提下采取互换并地方式解决承包地细碎化问题。鼓励农户委托发包方或土地流转服务机构开展整村整组整畈集中长期流转或股份合作经营。支持农户以土地承包经营权作价出资组建农民专业合作社，并通过集约化经营、实行保底分红和二次返利等途径获取收益。推进土地整理、高标准农田建设、农田水利建设、农业综合开发等项目向连片集中流转土地区域倾斜，鼓励村集体经济组织通过改善道路、沟渠、耕地质量等生产条件和构建农业设施后开展流转经营或合作经营，获取增值收益。

（三）进一步规范土地流转行为

依法保障承包农户流转土地自主权，农村基层组织和土地流转服务组织代理农户承包地流转必须取得农户书面授权。各县

(市、区)要引导流转双方通过公开的交易平台进行交易,签订规范的书面流转合同,全面建立土地流转合同备案和登记制度。严格工商资本准入门槛,对工商企业长时间、大面积租赁农户承包地的租地条件、经营范围、安置当地农村劳动力和违规处罚等作出规定,建立健全资格审查、项目审核、风险保障金制度,加强事中事后监管,防止浪费农地资源、损害农民土地权益,防范承包农户因流入方违约或经营不善遭受损失。

(四)不断优化土地流转服务

各县(市、区)要进一步加强农村经营管理队伍建设,不断增强其履行职责能力。县级农业部门和乡镇政府要明确机构、落实人员,具体承担土地流转的指导、管理、服务等工作;乡镇政府要建立流转情况登记册,落实专人负责流转情况登记以及流转资料的收集、整理、归档和管理工作。进一步完善农村产权交易体系,探索建立土地流转价格评估制度。提倡采用协商、投标等方式或按稻谷实物折价、粮食成本收益、物价指数调节流转价格、承包年限逐年递增、农用地定级估价的基准地价等办法合理确定土地流转价格。进一步加强土地承包经营纠纷调解仲裁体系建设,认真做好土地流转信访调处和复查、复核工作。有效解决土地承包经营、流转经营矛盾纠纷,依法平等保护农户的承包权和经营主体的经营权。

(五)及时总结宣传流转典型

各县(市、区)要及时分析转让、互换、出租(转包)、入股等不同流转方式对土地流转的影响,及时分析种植业、养殖业、观光休闲新业态、园区建设、三产融合、特色小镇等不同业态对土地流转的促进作用,总结土地流转工作中的好做法、好经验和成功典型,尤其是要总结通过土地流转促进农业发展、农村美丽、农民增收、集体经济壮大的典型。市里将收集汇编印发各地典型,通过典型引路加快全市土地流转的推进。

（六）引导探索"三权"权能的有效发挥

鼓励各地结合实际,积极探索"三权"权能的有效实现形式,依靠改革创新促进土地流转。对长期在城镇务工的承包农户,可引导其自愿退回承包权。支持各地积极拓展土地经营权抵押贷款业务。通过"三权"权能的有效实现,为加速土地流转创造条件。

五　进一步推进杭州农村土地承包权流转的建议

杭州不仅在经济社会发展、城乡统筹协调等已具备开展农村土地承包权流转的良好条件和优势,尤其是杭州城镇化是内生自然过程,具有厚实的产业支撑。杭州全面深化改革正当时,以贯彻落实《国务院关于实施支持农业转移人口市民化若干财政政策的通知》（国发[2016]44号）为契机,全面开展农村土地承包权流转。

（一）建立党政主要负责人为核心领导的推进工作机制

当前城乡改革依然是解决农民与土地为主要任务,推进农村土地承包权流转是涉及新型城镇化最为关键的改革之一,是党委和政府的中心工作。同时,推进农村土地承包权流转又是涉及利益主体多、问题复杂、易引发群体事件和社会稳定综合性改革,要建立区（县、市）党政主要负责人为核心领导的推进工作机构及工作机制,坚持主要领导亲自抓,建立健全党委统一领导、党政齐抓共管的全面领导改革,进行顶层设计改革方案和实施细则。

（二）分步骤有序推进农村土地承包权流转

杭州应以萧山、余杭、富阳为第一批,临安、淳安、建德、桐庐为第二批,有序推进农村土地承包权流转。具体来讲,萧山、余杭、富阳已实现撤市设区,融入杭州主城区发展的制度障碍已破除,但三区又是城市带动农村发展的城乡混合社会结构,城乡土地市场尚未形成,农村土地的财产性功能发挥不够,应推进农村土地承包权股份制改革,建立新型农业经营制度,释放更大制度红利。临安、淳安、建德、桐庐经济发展相对滞后,在第一阶段萧山、余杭、富阳全面完成改革后,借鉴先行经验和好的做法,结合自身情况推进改革。

（三）以县域为整体推进农村土地承包权流转

当前形成了农村土地"三权分置"制度创新,推进实施综合整治和增减挂钩试点,推进农村建设用地市场化改革。地方改革基本是在乡镇级行政范围内进行探索,土地潜在的财产功能发挥有限。杭州应发挥自身优势,以县域为范围,推进农村建设用地上市流转,扩大土地指标增减在试点半径,激发土地资本潜在功能,为改革创新注入可持续的发展新活力。在县域范围的基础上,进一步扩大试点范围,扩至全市域内的土地指标交易,指标增减挂钩的半径。

（四）以农村土地承包权流转为引领全面推进农村综合改革

农村土地改革与户籍制度是目前推进农业转移人口市民化的两大制度羁绊,同时,也受到农村集体资产的影响。推进农村土地承包权流转,要与户籍制度改革、集体资产改革及宅基地（建设用地）改革同步进行,并以农村土地承包权流转为引领全面推进农村综合改革。同时加大政策扶持,坚持承包农户自愿流转基础上,激励集体经济组织积极引导整村、整组统一招商,通过增值服务发展村级集体经济;鼓励土地整畈集中连片流转;支持流转土地时间较长农户参加社会保险和转移就业;扶持经营业主提高抵御各种风险能力、扩大经营规模;激励金融、保险部门对经营业主的支持和优惠;激励乡镇干部为经营业主用心服务。市财政每年将安排一定资金用于对各地土地流转工作的以奖代补和土地流转信息化建设、产权交易体系建设、土地纠纷调解仲裁体系建设的扶持。

（五）推进全域资源一体化发展的新格局

一是创新区县(市)协作。深化城乡一体化发展,制定实施新一轮城乡区域统筹发展政策,深入实施科技、人才、文创、旅游、交通等西进行动,加大产业转移和帮扶力度,强化中心城区对县(市)的优质资源辐射带动;充分发挥临安、建德、桐庐、淳安等4县市各自优势,加快推动县域经济向都市区经济、郊区经济转型发展。二是加快快推进撤县(市)设区进程。推进杭州下辖四县(市)设区进程,扩大中心城市的发展空间和规模,增强城市竞争力,加快全市域的深度融合和协调发展。三是建设第六产业特色小镇,开辟农村农业发展的新模式,打造"美丽杭州"升级版。

（六）强化激励引导形成良好推进的工作氛围

建立土地规模经营激励评价机制,将土地规模经营评价情况(具体见附表)纳入乡村振兴考核。综合考虑各地推进土地流转促进规模经营工作机制建立与完善、政策扶持、经营主体培育、规范流转、矛盾纠纷调处等情况,激励和引导各地加快适度规模经营。

主要参考文献

［1］Anka Lisec，Miran Ferlan，Franc Lobnik，etal. Modelling the rural land transaction procedure. Land Use Policy, Volume 25，Issue 2，April 2008；286—297.

［2］Burger，A. Land valuation and land rents in Hungary. Land Use Policy，1998，15(3)；191—201.

［3］Justin Yifu Lin，"Rural Reforms and Agricultural Growth in China"，American Economic Review，Vol. 82，No. 1，1992；34—51.

［4］Li，G. ，Scott R. ，Loren B. Tenure，Land Rights and Farmer Investment Incentives in China. Agricultural Economics，1998(19)；63—71.

［5］Lewis，w. A. Economic Development with Unlimited Supplies of Labor. Manchester School Studies(42)，1954.

［6］Michael P. TodaroA. Model of Labor Migration and Urban Unemployment in Less Developed Countries. The American Economic Review，Vol59，No. 1，1969；138—148.

［7］Ronald H. Coase. The New Institutional Economics. The economic review，1998，88；72—74.

［8］William Alonso. Location and Use；Toward a General Theory of Land Rent. Harvard University Press，1964.

［9］Williamson O. E. ，Allocative Efficiency and the Limits of Antitrust. The American Economic Review，1969(59)；105—118.

［10］Worth Douglass C. ，Institutional and Economic Theory，The Americium Economist，1992，Ⅵ；3—6.

［11］［美］道格拉斯．C.诺思. 制度、制度变迁与经济绩效［M］.上海：上海三联书店,上海人民出版社,2008.

［12］北京大学研究院综合课题组.还权赋能：奠定长期发展的可靠基础

[M].北京:北京大学出版社,2010.1.

[13] 卞文志.保护村庄农耕特色应是城镇化方向[J].资源与人居环境,2016(2):70—72.

[14] 蔡昉、王德文、都阳著.农村发展与增加农民收入[M].北京:中国劳动保障出版社,2005.

[15] 蔡继明.改革城乡二元土地制度[J].土地科学动态,2012(1):31—32.

[16] 蔡雪雄.我国城乡二元经济结构的演变历程及趋势分析[J].经济学动态,2009(2):37—40.

[17] 曹振良.改革和完善中国土地制度论纲[J].南开经济研究,1994(1):48—58.

[18] 陈会广,钱忠好.土地股份合作制中农民土地财产的剩余权与流转权研究[J].中国土地科学,2011(7):19—24.

[19] 陈美球,刘静,刘瑛,李资华.农村宅基地制度改革中的困境与对策——基于余江县试点的跟踪调研.2016年中国新时期土地资源科学与新常态创新发展战略研讨会暨中国自然资源学会土地资源研究专业委员会30周年纪念会论文集,216—07—23.

[20] 陈伟,王喆,杜德瑞.中国城市化的"两个滞后"与农地转用的长期压力[J].江西财经大学学报,2014(1):51—59.

[21] 陈锡文.推进以人为核心的新型城镇化[J].理论学习,2016(1):55.

[22] 陈炎兵.加快提高我国户籍人口城镇化率[J].红旗文稿,2015(12):19—21.

[23] 戴伟娟.城市化进程中农地流转问题研究——基于制度分析的视角[D].上海:上海社会科学院,2010.

[24] 党国英.深化土地制度改革不可久拖不决[J].国土资源,2008(1):4—5.

[25] 党国英.中国农村改革与发展模式的转变——中国农村改革30年回顾与展望[J].社会科学战线,2008(2):8—24.

[26] 董晓."三权分置"下农地经营权抵押融资研究[D].成都:四川省社会科学院,2016.

[27] 杜争辉.中国土地发展权研究[D].上海:同济大学,2007.

[28] 方中友.农地流转机制研究——以南京市为例[D].南京:南京农业大学,2008.

[29] 高佳,李世平.农民土地流转意愿对耕地利用效率的影响研究[J].大连理工大学学报(社会科学版),2014(1):75—8.

[30] 高圣平,刘守英.宅基地使用权初始取得制度研究[J].中国土地科学,2007(4):31—37.

[31] 高尚全. 全力做好补齐短板这篇大文章[J]. 前线,2015(12):5—7.

[32] 高蔚. 城镇化进程中农村土地资源配置优化研究[D]. 学术论文联合比对库,2014—10—30.

[33] 龚继红,钟涨宝. 近现代中日农地流转政策比较及启示[J]. 农业经济,2005(11):19—20.

[34] 光采. 新型城镇化试点经验之宝贵,不在于可复制,而在于可借鉴[N]. 中国经济导报,2015—10—17, http://www. ceh. com. cn/cjpd/2015/10/872419. shtml.

[35] 郭熙保. 市民化过程中土地流转问题与制度改革的新思路[J]. 经济理论与经济管理,2014(10): 14—23.

[36] 郭熙保,王万珺. 土地发展权、农地征用及征地补偿制度[J]. 河北社会科学,2006(4):18—21.

[37] 韩长赋. 土地"三权分置"是中国农村改革的又一次重大创新[N]. 光明日报,2016—01—26—07:08.

[38] 韩冬,韩立达. 农地承包经营权流转中的农民意愿及对策研究[J]. 农村经济,2012(1):31—39.

[39] 韩俊. 赋予农民物权性质的土地承包权[N]. 光明日报,2004—7—27.

[40] 韩立达,韩冬. 市场化视角下农村土地承包经营权流转研究[J]. 中州学刊,2016(4):43—48.

[41] 贺雪峰. 农地承包经营权确权的由来、逻辑与出路[J]. 思想战线,2015(5):75—80.

[42] 胡瑞卿. 农地制度变迁模式的比较与选择[J]. 农业经济问题,2002(3):24—27.

[43] 胡晓军,吴茂兴. 让村庄里的土地"活"起来[N]. 光明日报,22016—08—02.

[44] 华彦玲,施国庆、刘爱文. 国外农地流转理论与实践研究综述[J]. 世界农业,2006(9):10—12.

[45] 黄花. 农村土地流转路径研究[J]. 中南大学学报(社会科学版),2014(10):77—82.

[46] 黄宝连. 农地产权流转平台及机制研究[D]. 杭州:浙江大学,2012.

[47] 黄斐玫. 土地制度创新路径探讨—基于土地发展权的视角[D]. 北京:北京大学,2009.

[48] 黄海平,黄宝连,庄道元. 新型城镇化背景下农户选择土地流转平台的博弈分析[J]. 石河子大学学报(哲学社会科学版),2014(11):79—84.

[49] 黄丽萍. 中国农地使用权流转研究[D]. 厦门:厦门大学,2006.

[50] 黄晓. "三权分置"下农地经营权抵押融资研究[D]. 成都:四川省社会科学院,2016.

[51] 蒋省三,刘守英等.土地制度改革与国民经济成长[J].管理世界,2007(9):1—90.

[52] 李恒,彭文慧.农村转移人口离农的制度困境及其实现路径[J].经济学家,2015(11):81—87.

[53] 李乐.宅基地流转路径渐明　房地收益分离或为前提[N].中国经营报,2015—12—07.

[54] 李立彦.农村宅基地使用权流转制度研究[D].南京:南京农业大学,2010.

[55] 李启宇.基于城乡统筹的农地承包经营权流转制度创新研究[D].成都:四川农业大学,2010.

[56] 李珊珊.土地承包经营权的确权问题研究[D].长沙:湖南师范大学,2015.

[57] 李晓妹.美国的土地发展权[J].国土资源,2003.7,48—49.

[58] 李彦芳.中国农地发展权研究[D].北京:北京师范大学,2008.

[59] 李岳云.新中国农地政策的历史嬗变及逻辑启示[J].南京农业大学学报(社会科学版)2004(1):1—5.

[60] 李文辉、戴中亮.新型城镇化进程中的城市土地供给模式研究——来自部分试点城市的经验[J].惠州学院学报,2016(10):54—59.

[61] 李再杨.土地制度变迁的比较研究[J].当代经济科学,1999(5):83—89.

[62] 李正彪.动态拟和激励模型及其静态博弈分析[J].经济问题探索,2007(8):137—141.

[63] 梁巧.合作社对农户生产效益和规模效率的影响[D].杭州:浙江大学,2010.

[64] 吕军书,李茂.土地发展权转移视角下我国农户宅基地有偿退出的路径选择[J].河南师范大学学报(哲学社会科学版),2014(11):121—124.

[65] 林毅夫.制度、技术与中国农业发展[M].上海:上海三联书店,上海人民出版社,1994:65—80,93—94.

[66] 刘凤芹.农地制度改革的方案设计[J].经济研究参考,2004(1):18—19.

[67] 刘国臻.论我国土地利用管制制度要解决的主要问题[J].暨南学报(哲学社会科学版),2003(5):1—6.

[68] 刘国臻.论我国地方土地权力配置体制创新—以土地发展权配置为视角[J].学术研究.2011(9):46—50.

[69] 刘惠萍.基于网络层次分析法(ANP)的政府绩效评估研究[J].科学学与科学技术管理,2006(6):111—115.

[70] 刘克春.农户农地流转决策行为研究[D].杭州:浙江大学,2006.

[71] 刘莉君.农地流转模式的绩效比较研究[D].长沙:中南大学,2010.

[72] 刘健,李松,周文冲.尝试农民有偿退地盘活土地资源[N].经济参考报,2015—09—30,17:09:11.

[73] 刘守英.中国的二元土地权利制度与土地市场残缺—对现行政策、法律与地方创新的回顾与评论[J].经济研究参考,2008(6):2—12.

[74] 刘守英.政府垄断土地一级市场真的一本万利吗[J].中国改革,2005(7):2—25.

[75] 刘同山.农户承包地的退出路径:一个地方试验[J].重庆社会科学,2016(11):38—43.

[76] 刘同山,赵海,闫辉.农村土地退出:宁夏平罗试验区的经验与启示[J].宁夏社会科学,2016(1):80—86.

[77] 刘兴.盘活沉睡资源　释放农村活力[N].经济日报,2016—08—02.

[78] 刘彦华,纯干货:你应该指导的"十三五".小康(财智),2015—11—21.

[79] 栾玉洁等.农户土地权益流转行为的影响因素实证分析——基于嘉兴市"两分两换"模式[J].中国国土资源经济,2015(8):52—57.

[80] 罗必良等.农地流转的市场逻辑——"产权强度—禀赋效应—交易装置"的分析线索及案例研究[J].南方经济,2014(5):1—24.

[81] 罗必良,何应龙,汪沙等.土地承包经营权:农户流转意愿及其影响因素分析——基于广东省的农户问卷[J].中国农村经济,2012(6):4—19.

[82] 马晓勇.理性农民所面临的制度约束及其改革[J].中国软科学,2003(7):26—32.

[83] 宁德斌.交易成本.土地质量管理和土地租赁最优激励合约设计——国外研究综述[J].华东经济管理,2010(2):149—153.

[84] 诺思.制度、制度变迁与经济绩效[M].上海:上海三联书店,1994:12—13.

[85] 戚克梅.证券市场开发条件研究[D].北京:中共中央党校,2013.

[86] 钱忠好.制度变迁理论与中国农地所有制创新的理论探索[J].江海学刊,1999(5):3—10.

[87] 钱忠好.中国农地保护:理论与政策分析[J].管理世界,2003(10):60—70.

[88] 钱忠好.农地承包经营权产权残缺与市场流转困境:理论与政策分析[J].管理世界,2002(6):35—45.

[89] 史卫民.国外农地流转的经验与借鉴[J].经济纵横,2009(7):108—110.

[90] 申惠文.农地三权分离改革的法学反思与批判[J].河北法学,2015(4):2—11.

[91] 沈仁贵.我国农地流转模式选择的研究[D].上海:上海交通大

学,2010.

[92] 田传浩,贾生华.农地制度、地权稳定性与农地使用权市场发育:理论与来自苏浙鲁的经验[J],经济研究 2004(1):112—119.

[93] 田光明.城乡统筹视角下农地制度改革研究——以宅基地为例[D].南京农业大学,2011.

[94] 王德胜,夏从亚.当前农地产权制度改革的利益困局与突破口[J].理论学刊,2015(7):56—62.

[95] 王征国.中国梦思想体系的发展理念[J],邵阳学院学报(社会科学版),2016(2):44—59.

[96] 汪莉,尤佳.土地整治中宅基地的流转激励机制——以安徽省为例[J].政法论坛,2015(4):149—159.

[97] 王建友.完善农户农村土地承包经营权的流转机制[J].农业经济与管理,2011(3):47—53.

[98] 王景新.中国农地制度变迁 30 年:回眸与瞻望[J].现代经济探索,2008(6):5—11.

[99] 王琛.从利益相关者理论解读农业转移人口市民化[J].经济社会体制比较,2015(5):81—91.

[100] 汪晓春,李江风,王振伟,张志.新型城镇化背景下进城农民土地流转补偿机制研究[J].干旱区资源与环境,2016(1):20—25.

[101] 王小映.全面保护农民的土地财产权益[J].中国农村经济,2003(10):9—16.

[102] 王兆林,杨庆媛.重庆市不同类型农户土地流转决策的影响因素分析[J],中国土地科学,2014(9):32—38.

[103] 王兆林,杨庆媛、范垚.农户土地流转风险认知及规避能力的影响因素分析[J].经济地理,2013(7):133—139.

[104] 万振凡,肖建文.建国以来中国农村制度创新的路径研究[J].江西社会科学,2003(9):1—6.

[105] 吴晨.农地流转的交易成本经济学分析[D].广州:华南农业大学,2008.

[106] 吴次芳,靳相木.中国土地制度改革三十年[M].科学出版社,2009.

[107] 吴次芳,谭永忠.制度缺陷与耕地保护[J].中国农村经济,2002(7):69—73.

[108] 吴刚,向婧.农民有偿退地 业主放心经营[N].重庆日报,2016—06—12.

[109] 吴郁玲,曲福田.土地流转的制度经济学分析[J].农村经济,2006(1):24—26.

[110] 吴文恒等.中国渐进式人口市民化的政策实践与启示[J].人口研

究,2015(5):61—72.

[111] 肖金成.城镇化不是"圈地运动"和"造城运动"[N].中国经济导报,2016—01—27.

[112] 谢根成,蒋院强.农村土地承包经营权流转制度的缺陷及完善[J].农村经济,2015(3):32—36.

[113] 徐建春,李翠珍.浙江农村土地股份制改革实践和探索[J].中国土地科学,2013(7):4—12.

[114] 徐欣.基于组合评价理论的智能电网综合评价体系研究[D].学术论文联合对比库,2011—12—21.

[115] 严荣.推进以满足新市民为出发点的住房制度改革[J].上海房地,2016(2):22—25.

[116] 杨德才.我国农地制度变迁的历史考察及绩效分析[J].南京大学学报(哲学·人文科学·社会科学),2002(4):60—67.

[117] 杨海宁,李小丽.城镇化进程中增加农民财产性收入探讨[J].学术交流,2016(12):129—134.

[118] 杨遴杰.土地承包经营权流转的物权化选择[J].土地科学动态,2012(1):6—9.

[119] 杨泥娃.新型城镇化:更大释放内需潜力[N].中国产经新闻报,2016—01—26,19:37,http://finance. sina. cn/roll/2016—01—25/doc-ifxnurxn9961624. shtml.

[120] 姚洋.土地、制度与农业发展.北京:北京大学出版社,2004.

[121] 叶剑平,罗伊·普罗斯特曼,徐孝白,杨学成.中国农地农户30年使用权调查研究—17省调查结果及政策建议[J].管理世界,2000(2):163—172.

[122] 易小燕.典型地区耕地流转的模式与农户行为研究.北京:中国农业科学技术出版社,2010.

[123] 俞海,黄季焜,Scott Rozelle等.地权稳定性、土地流转与农地资源持续利用[J].经济研究,2003(9):82—95.

[124] 余玉.农村土地承包经营权流转制度研究[J].法制博览,2016(5):74—75.

[125] 张红宇.中国农村的土地制度变迁.北京:中国农业出版社,2002.

[126] 张曙光.论制度均衡和制度变革[J].经济研究,1992(6):6—7.

[127] 张曙光等.土地流转与农业现代化[J].管理世界,2010(7):66—97.

[128] 张源媛.中国知识产权保护对技术创新的影响研究[D].学术论文联合比对库,2015.

[129] 赵江龙.农村集体土地流转制度研究[D].呼和浩特:内蒙古大学,2014.

[130] 钟涨宝,聂建亮.论农村土地承包经营权流转机制的建立健全[J].经济体制改革,2012(1):84—87.

[131] 郑兴明.城镇化进程中农民工土地承包权流转意愿探析——基于福建省部分地区的调研[J].西北农林科技大学学报(社会科学版),2014(1):19—24.

[132] 周庆智.农民工阶层的政治权利与中国政治发展[J].华中师范大学学报(人文社会科学版),2016(1):1—10.

[133] 周其仁.确权:成都城镇化的亮点[N].社会科学报,第 002 版,2010—3—11.

[134] 周其仁.中国农村改革:国家与土地所有权关系的变化[J].管理世界,1995(3):178—189.

[135] 周天勇.土地制度的供求冲突与其改革的框架性安排[J].管理世界,2003(10):40—49.

[136] 邹伟,何孟飞.简论农地流转的平台组织建设[N].光明日报,理论周刊,第 010 版,2009—2—10.

[137] 邹晓艳.浅谈禄丰县农业产业化发展[J].云南农业,2016(12):14—16.

[138] 邹燕.坚持协调发展　着力形成区域平衡发展结构[J].产业与科技论坛,2016(3):11—12.

[139] 农业部经管司课题组.农村集体产权制度改革几个重要问题的地方实践.中国经济时报——中国经济新闻网,2016—03—19,09,55.

[140] "十三五"规划建议公布　这些和咱职工最相关[J].中国工会教育,2015(12):8.

[141] "十三五"规划　决胜的关键 5 年[J].环球聚氨酯,2015(11):8—9.

[142] "十三五"将给农业带来啥[J].湖南农业,2016(1):11.

[143] 这些将改变 13 亿人.中国经济信息,2015(22):28—29.

[144] 中共江西省委关于制定全省国民经济和社会发展第十三个五年规划的建议.江西省人民政府公报,2015—11—23.

[145] 山东省委关于印发山东省国民经济和社会发展第十三个五年规划纲要的通知.山东省人民政府公报,2016—3—20.

[146] 中共中央关于制定国民经济和社会发展第十三个五年规划的建议.实践(理论思想版),2015(11):9—20.

[147] 中共中央关于制定国民经济和社会发展第十三个五年规划的建议.当代兵团,2015(11):7—15.

[148] 中共中央关于制定国民经济和社会发展第十三个五年规划的建议.新长征,2015(12):19—23.

[149] 中共中央关于制定国民经济和社会发展第十三个五年规划的建

议. 新湘评论,2015(12):4—16.

[150] 中共中央关于制定国民经济和社会发展第十三个五年规划的建议. 理论学习,2015(12):4—19.

[151] "五大理念"领航中国发展. 时事(职教),2016(2).

[152] 行业动态. 小城镇建设,2015—11—07.

[153] 省人民政府关于印发《贵州省山地特色新型城镇化规划(2016—2020)》的通知. 贵州省人民政府公报,2016—07—10.

[154] 国务院办公厅印发《关于完善支持政策促进农民增收的若干意见》[J]. 上海农村经济,2016(12):4—8.

[155] 国务院办公厅印发推动1亿非户籍人口在城市落户方案的通知. 宁夏回族自治区人民政府公报,2016—12—15.

[156] 三权分置,农村土地制度的第二次伟大变革[J]. 国土资源,2016(12):4—12.

[157] 重庆梁平全国首试承包经营权流转[J]. 领导决策信息,2016(9):15.

附表 1　建国以来农村土地产权制度改革历史进展表

发展阶段	时间点	标志事件及政策要点	简要评述
理想的公有	1920 年	《中国共产党宣言》，主张将土地等生产工具收归社会共有。	理想状态的土地制度，迎合农民革命的保守私有天性。
妥协的公有	1927 年	"打土豪、分田地"土地改革政策，实行共同耕种、共同消费；或收归国有，完全分给农民耕种。	两次土地改革均没有成功，革命所创立的政府仅仅昙花一现。其中，广州起义所创立的政权仅仅存在三天。
完全的私有	1949 年	新中国成立，《共同纲领》，实行土地改革的地区，保护农民已得土地的所有权；未实行土地改革地区，经过清除土匪恶霸减租减息和分配土地等，实现耕者有其田。	由完全的公有制到妥协的公有制、直到归农民所有，实现革命承诺；从起义失败到武装割据、到取得胜利，建立新中国。这两个过程，是辩证的统一。
	1950 年	第一部土地法，保护富农所有自耕和雇人耕种的土地，不得侵犯；承认一切土地所有者自由经营、买卖及出租土地的权利。	为巩固新政权，需要统一各界力量、共同建设新国家，承认各方拥有的土地。
约束的私有	1954 年	新中国第一部宪法，国家保护农民土地所有权，但为公共利益可以依法对城乡土地实行征购征用或收归国有。	经过三年改造，巩固政权后，法制成熟对私有权进行限制，是出于国家需要的正常限制。为发展重工业奠定土地制度基础和保障。

（续表）

发展阶段	时间点	标志事件及政策要点	简要评述
集体化进程	1955 年	倡导互助组，1951—1955 年，鼓励农民农业生产互助合作。	农民农忙时节的相互帮助，不涉及土地管理制度。
	1956 年	人大常委会通过《农业生产合作社示范章程》，农民以土地入股加入合作社，土地使用权和经营权归集体形使，但土地依然归农民个人私有。	国家依靠权威按自己意志，插手农民土地和经营，农民则因无偿取得土地而服从国家意志，失去土地所有权。
	1956 年	一届人大三次会议通过《高级农业生产合作社示范章程》，农民将土地所有权入股加入集体，共同享有集体土地所有权；住房和宅基地等生活资料为农民所有。	国家在掌握农民土地之后，很快退出了完全社会主义性质的集体制，从法律上确立土地的集体所有。集体按份共有并集体经营，是社会主义形态。
改革中完善	1978 年	十一届三中全会，实行改革开放，1981、1982 年，中央一号文件正式肯定了农村家庭承包经营制度，实现了"土地集体所有、农民承包经营"，土地集体所有权与农户承包经营权实现"两权分置"制度。	生产关系一定要适应生产力发展的客观规律，迫使着高级合作社、人民公社制度的瓦解，基本吃饱饭的现实需要，中央经济建设路线的确立，最终全面推行农村家庭承包经营制度，是人民群众的创造。
	1993 年	实施第二轮土地承包，在工业化、城镇化进程中，农民出现分化，农户之间开始以多种形式流转土地，尤其随着"农民工"大军日益壮大，农村土地低效利用的愈演愈烈。	"农民工"，尤其是新一代"农民工"，促使新型城镇化成为国家战略，出现了农民工群体、农户私下自行流转承包地，出现了形式多样的流转形式。

（续表）

发展阶段	时间点	标志事件及政策要点	简要评述
重大的突破	2008 年	10 月，十七届三中全会，提出农村土地承包关系长久不变的新政策，各地探索实现路径，如股份合作承、土地承包权换社保、城乡建设用地增减挂钩，宅基地换房，集体建设用地入市。	农村土地在坚持集体所有的前提上，加大土地流转的退出力度，新形式的流转模式不断出现，尤其股份合作，是农民被动"退出"农村土地主要形式。
	2013 年	11 月，十八届三中全会，农民依法取得的农村土地承包经营权可以转包、转让、入股、租赁等形式流转，可以抵押和担保等。	入股、租赁、抵押和担保等权利，基本上接近最高权利—所有权，最大程度地赋予农民土地权益。
	2014 年	9 月，中央深改组第五次会议，促使承包经营权分离，形成所有权、承包权、经营权三权分置、经营权流转的新格局。	这是顺应时代发展要求，进一步完善农村土地产权的制度创新，是确认农民土地利益的制度化保障。
		11 月，《关于引导农村土地经营权有序流转发展农业适度规模经营的意见》，家庭承包经营为基础、多种经营方式共发展。	坚持土地集体所有，放活土地经营权，为农民工进城成为市民创设条件，为农民有偿退出农村土地提供制度保障。
	2015 年	10 月，十八届五中全会，深化户籍制度和土地制度改革，促进有能力在城镇稳定就业和生活的农业转移人口举家进城落户。	指明了破解农业转移人口的具体方向：改革户籍制度和土地制度改革。
	2016 年	8 月，国务院《关于实施支持农业转移人口市民化若干财政政策的通知》，维护农民土地权益，引导地方政府推进有偿退出。	正式提出鼓励地方探索农民有偿退出土地试点。

附表 2　农地流转平台的绩效评价指标及测度方法对照表

衡量指标	衡量指标的测度方法
土地利用率$_{v1}$	$= \dfrac{退出后土地年均耕作时间 - 退地前时间}{退出后时间}$
土地产出率$_{v2}$	$= \dfrac{退出后土地产值 - 退地前产值}{退出后土地产值}$
劳动力投入率$_{v3}$	$= \dfrac{退出后单位土地劳动力投入量 - 退地前投入量}{退出后投入量}$
自有资金投入率$_{v4}$	$= \dfrac{退出后单位土地自有资金投入量 - 退地前投入量}{退出后投入量}$
外部资金吸引力$_{v5}$	$= \dfrac{退出后单位土地利用外部资金额 - 退地前利用额}{退出后利用额}$
人均纯收入变化$_{v6}$	$= \dfrac{退出后人均纯收入 - 退地前收入}{退出后收入}$
人均纯收入目标实现指数$_{v7}$	$= \dfrac{退出后人均纯收入}{10000^2}$
经营收入占比指数$_{v8}$	$= \dfrac{退出后经营收入占总收入比重 - 退地前比重}{退出后比重}$
规模经营实现指数$_{v9}$	$= \dfrac{实现规模经营的退地面积}{退出面积}$
单位农地机械使用率$_{v10}$	$= \dfrac{退出后单位农地机械使用额 - 退地前使用额}{退出后使用额}$
单位农地科技投入率$_{v11}$	$= \dfrac{退出后单位土地科技投入额 - 退地前投入额}{退出后投入额}$
农村基尼系数实现指数$_{v12}$	$= \dfrac{30^2 - 退地后农村基尼系数}{30}$
农村恩格尔系数实现指数$_{v13}$	$= \dfrac{40^2 - 退地后农村恩格尔系数}{40}$

（续表）

衡量指标	衡量指标的测度方法
农民有效就业 时间变化$_{v14}$	$=\dfrac{退出后农民有效就业时间-退地前时间}{退出后时间}$
享受基本城市 社会保障指数$_{v15}$	$=\dfrac{退出后享受城市基本医疗-退地前享受城市基本医疗}{退出后享受城市基本医疗}$
享受城市工作 技能培训指数$_{v16}$	$=\dfrac{退出后享受城市工作技能培训天数-退地前天数}{退出后天数}$

注：10000 元系根据重庆市城乡一体化发展目标体系，确定 2012 年农村人均纯收入。

30 系根据重庆市城乡一体化发展目标体系，确定农村基尼系数的实现指数 30%。

40 系根据重庆市城乡一体化发展目标体系，确定农村恩格尔系数的实现指数 40%。

后　记

　　本书是在完成国家哲学社会科学规划课题"农村土地产权制度改革进程中的土地流转平台建设及运行机制研究"（编号13CGL090）、2018年度安徽高校人文社会科学研究项目"乡村振兴战略背景下安徽省农村宅基地退出激励机制优化研究"（编号SK2018ZD029）基础上、结合党的十九大乡村振兴战略对土地要素空间配置效率和区域分布结构内在要求思考写成的。新形势下正确处理好农民与土地的关系是深化农村改革的主线，是落实好农村土地"三权分置"的内在要求，更是实现乡村振兴的基本制度。土地流转成为促进农业发展的基本手段，引导土地有序流转、促进农业适度规模经营是优化农业资源配置、发展现代农业的必由之路，也是加快培育和壮大新型农业经营主体的关键之举。

　　基于统筹城乡一体化发展视角，本书认为，党的十九大提出乡村振兴，建立健全城乡融合发展的体制机制和政策体系，继新型城镇化之后又一重要的国家战略，完成了国家城镇与乡村两大空间发展的顶层设计。毋庸置疑，乡村振兴将与新型城镇化并列为新时代国家发展的两大驱动，成为新时代整个农村农业发展的主旋律。而土地要素的空间配置效率和区域分布结构无疑是决定乡村振兴最重要因素。本书集中在乡村振兴背景下农用地经营权流转平台及其机制，即作为集体成员权而获得的农用地经营权，通过什么样的途径和方式转移给他人，或交回村集体，并从中获得合理利益补偿的一系列行为。为此，本书首先构建农民土地流转平台的理论模型。以现代产权理论为依据，梳理我国农村土地产权特征及改革的思路；研究城乡二元结构形成根源、发展趋势，阐述实施新型城镇化战略推进城乡一体化发展的思路、目的和对农村产权制度改革的内在要求，总结归纳各地农民流转土地的平台及其机制。其次，进行系列实证分析。从调研数据和资料为依据，构建实证分析模型，依次进行农户流转的三个实证分析，即流转主体博弈分析、影响因素分析和平台绩效分析。同时，本书还归纳提升各地鲜活做法。重点研究了重庆梁平县探索承包地流转、江西余江县探索宅基地有偿使用与流转和云南大理市利用空心村整治探索宅基地和承包地流转的主要做法、取得成效和主要经验，提出农村土地流转的一般条件和要求。最后部分，本书还增加了作者对杭州推进农村土地承包权流转促进适度规模经营的调查研究。

本书创新之处在于选择了以深化农村土地制度改革中的农民有偿退地平台及运行机制为研究对象，依据主导作用不同将农户流转平台划分政府主导型流转平台和农户自由流转平台两大类，提出乡村振兴下农业转移人口流转土地平台及机制建设的路径图。在实证研究的基础上，本书提出进一步推进农户流转农地改革与创新、完善农户流转农地的平台及其机制，首要是对先行地区所探索的流转平台及机制经验和做法，尽快提炼出一般条件和要求，从理论高度对实践进行指导；其次，加快完善政府主导型流转平台本身制度，一方面要积极完善平台及运行制度建设，另一方面要积极争取国家给予更大的支持，给予地方改革政策的合法化保障;再次,规范农业转移人口自由型流转平台及机制,并通过优惠政策引入进入政府主导型流转平台中来。同时,推进农村综合改革,优化布局县域农村宅基地,贯彻落实中央关于居住证制度、推进农业土地流转财政支持制度,加快探索跨市域、跨省域的转移人口与土地流转可行性研究。

由于研究时间和能力所限,本书对于涉及到对象的一些问题未能进行分析阐述,主要有机制体制问题和研究技术问题两方面。一是关于农户再次承包土地和使用宅基地权利的问题。土地承包期将结束,已经退地的农户是否有资格再次承包耕地或取得宅基地,目前宏观政策上还没有明确具体界定,一些地方改革虽然设定了到期前的期限,并没有进行到期后的设计。二是关于地方改革政策效力的问题。随着改革的纵深推进,地方改革探索中好的做法和经验尚未得到国家层面的认可,地方改革政策的效力正受着国家层面法律的约束,如何将地方改革上升至法律层面,需要国家层面的顶层设计。三是关于建立农户有偿流转与土地指标跨区优化配置的问题。各地在推进农户有偿退地的实践中,都严格按照"封闭进行"的原则,极大地限制了土地级差地租的发挥,抑制了土地市场发挥,限制了土地增值收益空间,进而难以提高农户退地补偿金,难以激发农户退地积极性,要尽快建立农户有偿退地与土地指标跨区优化配置区域联动机制。

本书的完成首先要感谢黄宝连博士,他在研究和写作过程中不断地给予我帮助和指导;其次感谢浙江大学中国农村发展研究院院长、我的访学导师钱文荣教授,每次的例会钱老师对问题深入分析给与我很大的启发;再次感谢淮北师范大学给予的经费支持,管理学院卓祥之院长、庄道元副院长给予支持和帮助,使我有时间和精力完成这项课题和本书的写作。还要感谢给予我研究及写作支持和帮助的同事周志太教授和李丹老师、浙江大学博士钱龙以及我的家人和亲朋好友的支持和帮助。特别要感谢合肥师范学院副校长谢阳群教授谢老师，在申请课题以及撰写课题结题报告时谢老师给予我许多建议，在此深表感谢！还有淮北师范大学韦法云教授韦老师和葛丽华老师，无论是工作还是生活，他们都一直在帮助我和鼓励我。另外，在课题外审中，许多外审专家给予中肯建议，本书根据专家们的建议逐一修改才会最终完成，谢谢你们！最后要感谢那些配合调查和访问的人们。没有他们支持、帮助和配合，无法完成大规模的问卷调查，自然谈不上课题的完成和本书的写作。在本课题和书的撰写过程中，参考了国内外许多专家学者的相关论著，并从中学习了许多有价值的内容，多数资料虽已列出，但难以全部详细列明，谨在此向有关作者表示由衷的感谢。

由于作者水平有限，书中难免存在缺点错误，敬请读者提出批评和改进意见。

黄海平

2018 年 11 月 28 日于淮北

图书在版编目(CIP)数据

乡村振兴背景下农民土地流转平台建设及运行机制研究/黄海平著.
一上海:上海三联书店,2019.8
ISBN 978-7-5426-6726-7

Ⅰ.①乡… Ⅱ.①黄… Ⅲ.①农村—土地流转—研究—
中国 Ⅳ.①F321.1

中国版本图书馆 CIP 数据核字(2019)第 142688 号

乡村振兴背景下农民土地流转平台建设及运行机制研究

著　　者　黄海平

责任编辑　钱震华
装帧设计　陈益平

出版发行　上海三联书店
　　　　　(200030)中国上海市漕溪北路 331 号

印　　刷　上海昌鑫龙印务有限公司

版　　次　2019 年 8 月第 1 版
印　　次　2019 年 8 月第 1 次印刷
开　　本　700×1000　1/16
字　　数　200 千字
印　　张　10.25
书　　号　ISBN 978-7-5426-6726-7/F・787
定　　价　48.00 元